# 编委会

总 策 划：刘佑荪

编委主任：李源章

副 主 任：韩广杰　高　峰

主　　编：喻　丰　李源章

副 主 编：罗志敏　张梦影

编写组人员：梁巧华　刘兆平　罗志敏　罗　莉　岑素琴

　　　　　　陈少贞　周绍丹　李　雪　郑婷婷

初中版

# 中小学生积极心理教育

## 指导手册

主　编　喻　丰　李源章

副主编　罗志敏　张梦影

暨南大学出版社

JINAN UNIVERSITY PRESS

中国·广州

图书在版编目（CIP）数据

中小学生积极心理教育指导手册：初中版/喻丰，李源章主编；罗志敏，张梦影副主编 . —广州：暨南大学出版社，2022.1
ISBN 978 – 7 – 5668 – 3356 – 3

Ⅰ. ①中… Ⅱ. ①喻… ②李… ③罗… ④张… Ⅲ. ①心理健康—健康教育—初中—教学参考资料 Ⅳ. ①G444

中国版本图书馆 CIP 数据核字（2021）第 277159 号

中小学生积极心理教育指导手册（初中版）
ZHONG-XIAO XUESHENG JIJI XINLI JIAOYU ZHIDAO SHOUCE（CHUZHONG BAN）
主 编：喻 丰 李源章 副主编：罗志敏 张梦影

出 版 人：张晋升
项目统筹：张仲玲
责任编辑：武艳飞 刘 蓓
责任校对：孙劭贤 刘小雯
责任印制：周一丹 郑玉婷

出版发行：暨南大学出版社（510630）
电 话：总编室（8620）85221601
　　　　 营销部（8620）85225284 85228291 85228292 85226712
传 真：（8620）85221583（办公室） 85223774（营销部）
网 址：http：//www.jnupress.com
排 版：广州市天河星辰文化发展部照排中心
印 刷：广东广州日报传媒股份有限公司印务分公司
开 本：787mm×1092mm 1/16
印 张：13
字 数：193 千
版 次：2022 年 1 月第 1 版
印 次：2022 年 1 月第 1 次
定 价：50.00 元

（暨大版图书如有印装质量问题，请与出版社总编室联系调换）

# 序

　　积极心理学与中国传统智慧有着千丝万缕的关系。近十年来，作为一门研究人类幸福的科学，积极心理学越发受到人们的关注，逐渐被大众认可和接受。积极心理学涵盖了从东方哲学到现代神经科学的各个知识体系，这也是世界各国专家学者们努力的结果，其中当然也包括中国。

　　2021年7月24日，中共中央办公厅、国务院办公厅印发《关于进一步减轻义务教育阶段学生作业负担和校外培训负担的意见》（简称"双减"）。"双减"的背后是教育本质的回归——真正的教育应该培养有自主学习能力和发挥内在优势品质的人。我们到底应该如何教育孩子发挥人类积极正面的本性，面对改变，拥抱变化？如何将积极心理学与中国传统文化有机结合，提高孩子的心理韧性，点亮积极人生？

　　子曰："知者不惑，仁者不忧，勇者不惧。"（《论语·子罕》）

　　仁、智、勇是孔子的道德人格分类。喻丰认为，如果同时考虑中国传统伦理美德以及理论结合实证取向，积极心理教育的美德可分为三类——仁、智、勇，结合了心理学的基本理论，如心智知觉对应的人性理论。人性不过是能被人知觉为体验或者能动而已。身体是勇，心智是智，情感是仁；仁、智、勇分别包含三个子维度（仁——爱人、悦己、为乐；智——智慧、文雅、冷静；勇——勇敢、坚韧、信义），由此组成了适合中国青少年的积极教育的"三维九度"。

　　禅城区是广东省佛山市的中心城区，作为佛山教育高质量发展的领头羊，一直以来重视中小学心理健康教育工作。为加强积极心理教育地方课程的建设，禅城区教育局特邀请了喻丰教授对区内骨干教师进行指导，带领老师们依据教育部《中小学心理健康教育指导纲要》（2012 年修订）中分阶段的具体教育内容，结合青少年不同年龄段的心理特点，根据学段分小学版一至三年级、小学版四至六年级和初中版三册，共编写了 162 节积极心理教育的实践课程，指导使用者将积极心理学渗透应用在主题班会、班级文化建设、学生积极心理资本厚植上。这是一套非常适合中小学教师日常应用实践的工具书。

这套书借鉴了国外的先进理念和实践经验，并与中国优秀传统文化、实际教育情况相结合，用适宜中国实际的方法进行积极心理教育实践，培养青少年活跃的高级脑细胞，让我们的学生有更多的灵性、悟性、感性和德性，从而有能力拥抱丰盈蓬勃的人生。

彭凯平

2021 年 10 月 21 日

（彭凯平，清华大学社会科学学院院长，清华大学幸福科技实验室（H+Lab）联合主席；国际积极心理联合会（IPPA）以及国际积极教育联盟（lPEN）中国理事，中国国际积极心理学大会执行主席（2009年至今）。曾连续两年代表中国在"联合国国际幸福日"纪念大会上作报告）

# 导　读

加强学生心理健康教育和生命教育，就是贯彻党的教育方针、培养德智体美劳全面发展的社会主义建设者和接班人的基础性工作，是发展素质教育、增强学生综合素质的首要任务，是促进社会和谐稳定、提升人民群众幸福感的重要举措。

积极心理学是研究人类正面心理的科学，对每个人的生活、工作、教育和成长都具有积极的指导意义。积极心理学有三个核心主题：一是发现和培养人的优势和美德；二是关注人的幸福感，倡导追求幸福美好的生活；三是建设和谐的社会和团体，让每个人都能充分发挥创造性。

儒家文明的一个优良传统是首先要自我更新、自我完善，然后完善他人、成就他人，从而创造一个良善的世界，这就是"成己→成人→成物"的传统。"成己""成物"出自《中庸》："诚者，非自成己而已也，所以成物也。""成"的意思是"成就"——造就、完成、完善。"成己"即完善自己，"成物"即完善他人、外物。"成人"出自《论语·宪问》孔子回答子路。朱熹解释："成人，犹言全人……材全德备。"可见所谓"成人""全人"，即今所谓"完人"，就是德才兼备之人。

近几十年来，科学界对幸福、美德、乐观等人类正面心理进行了大量细致的实证研究，积累了大量文献。积极心理学从科学的角度全方位定义幸福，运用科学方法测量，设计和反复测试出其中行之有效的方法，对人产生积极的改变。科学家们在多项研究中证实，具有积极观念的人有更良好的社会道德和更佳的社会适应能力，他们能更轻松地面对压力和挫折，从而取得更大的社会成就。

著名积极心理学家克里斯托弗·彼得森教授写了一本书叫《积极心

理学与美好生活》，他认为能够活出幸福感的美好生活有四个要素：第一，一定要活出爱的感受；第二，我们的愉悦的感觉；第三，美好生活很重要的活法，就是要有共享感、服务感；第四，美好的生活需要活出意义感。美好生活是我们对自己感情、价值、意义、成就、人与人之间关系的一种积极的肯定，这与儒家文明的创造新的良善世界以及习总书记在党的十九大报告中特别提出"加强社会心理服务体系建设，培育自尊自信、理性平和、积极向上的社会心态"这一对中国社会发展新阶段人民面临的新问题的创新式解决方案、倡导的核心任务完全一致。

由广东省佛山市禅城区教育局与广东天清积极教育科技有限公司联合出品的这套《中小学生积极心理教育指导手册》（分小学版一至三年级、小学版四至六年级和初中版三册），是由组织心理学青年学者喻丰教授指导禅城区十多名骨干教师编写而成。这套指导手册以教育部颁布的《中小学心理健康教育指导纲要》为指导纲领，首次将儒家文明的优良传统——成己、成人、成物与积极心理学倡导的通过激发和培养个体拥有的内在力量，使人达到更加有意义、更加有成就、更加美满的人生相结合，开创性地提出了积极教育的"三维九度"。通过"仁、智、勇"三大维度，从"身、心、智"全方位、开放性地厚植积极心理资本，完善自我，提高青少年的幸福能力，从而创造美好的生活和良善的社会。

指导手册由"积极教育理路""积极教育实践"两部分组成。积极教育理路部分详细阐述了何谓积极教育的"三维九度"，提出了青少年积极心理品质培养从"仁、智、勇"三维出发，落脚到"爱人、悦己、为乐、智慧、文雅、冷静、勇敢、坚韧、信义"九度，涵盖一个"完人"的"身体、心智、情感"的培养；积极教育实践部分，按学段分，低年段（小学一至三年级）54 学时、中年段（小学四至六年级）54 学时、高年段（初中）54 学时。按照"仁""智""勇"三个大维度及"仁——爱人、悦己、为乐""智——智慧、文雅、冷静""勇——勇敢、坚韧、信义"九个子维度，结合教育大纲——环境认识、自我认知、学习心理、人际交往、情绪调适、自信心理的教学培养目标要求，设置课题实践。每学期 9 个学时，每个学时的内容包括"知识要点"

"故事分享""活动体验"和"素养习得"四个板块，每个学时都设置一个适合且灵活的部分，基于案例的具体情况，结合积极心理品质素养习得实践的技术方法，将积极教育的"三维九度"渗透到每堂课中。

附

# 积极心理学的"三维九度"

## 一、仁

（一）爱人：仁爱、宽恕、依恋、关系、沟通、仁慈、领导力、亲环境、命运共同体等。

（二）悦己：自我认知、自尊自信、社会比较、爱护自己、谦虚、自主等。

（三）为乐：福流、享受、共情、敬畏、提升、乐观、积极情绪等。

## 二、智

（四）智慧：理性、灵活、好奇、洞察、创造、观念、归因、独立思维等。

（五）文雅：儒雅、克己、守礼、尚美、超越、学习、欣赏、希望、幽默、信仰等。

（六）冷静：和谐、谨慎、自控、感恩、富足、道德、品味、专念、正念等。

## 三、勇

（七）勇敢：勇气、活力、激情、真诚等。

（八）坚韧：坚毅、韧性、压力应对、延迟满足等。

（九）信义：信任、公正、严谨、合理、助人、意义、自信、守信、忠诚、尽责等。

## 中小学生积极心理教育指导手册（初中版）课表

| 维度 | 仁（情感） | | 维度 | 智（心智） | | 维度 | 勇（身体） | |
|---|---|---|---|---|---|---|---|---|
| 爱人 | 同舟共济 | （集体与我） | 智慧 | 争分夺秒 | （妙用时间） | 勇敢 | 运动快乐 | （运动、健康、快乐） |
| | 冰释前嫌 | （让冲突促进关系） | | 用脑卫生 | （科学用脑） | | 高飞远翔 | （逐梦青春） |
| | 感戴须言 | （看见、听见感恩） | | 探索未知 | （引爆创造力） | | 肺腑之言 | （真诚与勇气） |
| | 荣辱与共 | （在团体中成长） | | 迎刃而解 | （复杂的事情简单化） | | 智勇双全 | （勇气与智慧并存） |
| | 金兰之交 | （我们是好朋友） | | 得心应手 | （解决问题的钥匙） | | | |
| | 伯牙子期 | （好朋友，我可以） | | 举一反三 | （会学习，有妙招） | | | |
| | 生命如歌 | （生命的声音） | | | | | | |
| | 此疆彼界 | （助人有边界） | | | | | | |
| | 赤子之心 | （善良的价值） | | | | | | |
| 悦己 | 千头万绪 | （解惑青春） | 文雅 | 以梦为马 | （不负韶华） | 坚韧 | 从容不迫 | （积极应考，不惧焦虑） |
| | 无二唯一 | （知己知"比"） | | 高瞻远瞩 | （当希望照进现实） | | 屡败屡战 | （认识失败） |
| | 激扬青春 | （青春多棱镜） | | 克己复礼 | （控制冲动） | | 百折不挠 | （压力不可怕） |
| | 与众不同 | （独特的我） | | 健康"网游" | （科学用网） | | 能屈能伸 | （坚持不懈的秘诀） |
| | 多彩人生 | （规划精彩人生） | | 有劳有逸 | （为自己"加油"！） | | | |
| | 未来可期 | （我的未来） | | 各美其美 | （美者无畏，善者无缺） | | | |
| | 齐头并进 | （竞争与合作） | | | | | | |

（续上表）

| 维度 | 仁（情感） | | 维度 | 智（心智） | | 维度 | 勇（身体） | |
|---|---|---|---|---|---|---|---|---|
| 为乐 | 庖丁解牛 | （福流澎湃） | 冷静 | 安之若素 | （初中学习新生活） | 信义 | 有一说一 | （坚守原则更快乐） |
| | 设身处地 | （"同理"有妙招） | | 取之有度 | （喜欢有节制） | | 心诚志坚 | （心中的信仰） |
| | 补偏救弊 | （弱点管理） | | 不骄不躁 | （学会与烦躁相处） | | 勇往直前 | （挑战不可能） |
| | 积极乐观 | （乐观百宝箱） | | 心无旁骛 | （专注此时此刻） | | 与时俱进 | （社会发展我同步） |
| | 健脑有方 | （打造最强大脑） | | 拨开云雾 | （走出情绪低谷） | | | |
| | 积极投入 | （凝聚阳光，创造火焰） | | 十字路口 | （两难选择） | | | |
| | 了然于胸 | （情绪健康维生素） | | 生命卷轴 | （发现生命的价值） | | | |

# 目　录
## contents

第一部分

积极教育理路

积极教育的核心是美德（virtue）与优势（character strength）教育，基本假设是人各有所长，长处不尽相同，但又有规律可循。

　　积极心理学将每个人的长处称为品格优势，而品格优势的集合又称为美德。也许你会感到意外，因为美德是道德含义，而优势则没有道德含义。实际上如果我们还活在亚里士多德的时代，我们就会知道，他所认为的美德实际上就是人尽其才。从这个意义上来说，发挥人的长处的积极教育，广义上可称为道德教育，本质上是对道德人格的培养，因此，积极品格的养成，我们应该从青少年的道德人格的培养入手。

　　据此，我们该训练青少年何种美德，或曰何种优势？

# 1 基于思维优势与情感优势的六大美德

科学家、哲学家和圣贤试图从不同角度来描述快乐、幸福和繁荣。例如，孔子认为生命的意义在于将人的日常生活与纪律、教育、和谐的社会关系相结合。苏格拉底、柏拉图和亚里士多德认为，要获得幸福，追求高尚的生活是必要条件。在第二次世界大战之前，心理学有三个明确的使命：治疗精神病理学，使所有人的生活更富有成效和成就感，以及识别和培养高素质人才（Seligman & Csikszentmihalyi，2000）。威廉·詹姆斯（William James）在《宗教经验种种》（1902）中指出，勇气、希望和信任可以战胜怀疑、恐惧和担忧。约翰·杜威（John Dewey，1934）强调人与环境之间艺术审美交流的必要性。亨利·默里（Henry Murray，1938）提出，研究积极、快乐和富有成果的经历对于理解人类至关重要。

Marie Jahoda（1958）在20世纪50年代讨论了积极心理健康的概念。Michael Fordyce（1983）将这些观念转化为一些积极的干预措施，并在大学生中进行了测试。

彼德森和马丁·塞利格曼在理论上找到了美好生活的要素以及培养这些要素需要的6种跨文化美德：智慧与知识、勇气、仁慈、正义、节制和超越。

6种美德对应着人类共同认可的24种特征性强项：

智慧与知识美德包括：创造力、好奇心、思想开放、爱学习、远见；

勇气美德包括：勇敢、毅力、诚实、热情；

仁慈美德包括：爱、善良、社交能力；

正义美德包括：公民精神、公正、领导力；

节制美德包括：宽恕、谦卑、谨慎、自我调节；

超越美德包括：对美的欣赏、感恩、希望、幽默、灵性。

他们对 24 种强项进行了大样本的因素分析，发现可以聚合成两个因素，即思维优势（strengths of the head）和情感优势（strengths of the heart）。这在某种程度上为心理教育提供了一种新的推动力，以培养幸福感和积极的品质，如感恩、原谅、优势、心理健康和同理心为优势。

# 2 中国传统文化与积极心理品质

西方自古以来有从理论上进行道德人格分类的传统，比如传统的四德：勇气、智慧、公正与节制；基督教的信、望、爱等。亚里士多德在《尼各马可伦理学》中同样列举了诸多具体的美德，如勇敢、慷慨、大方、大度、温和、友善、诚实、机智、羞耻等。也有伦理学家提出将善作为一全德，将公正、平等、人道、自由和幸福作为五主德，将诚实、贵生、自尊、谦虚、勇敢、节制、智慧和中庸作为八达德，以及将德目通过利己、利他、利群、利境等划分。

顾海根等中国学者进行了类似的本土研究，采用形容词核查表的方式，通过因素分析，抽取出五个主成分，即诚善仁厚、勤谨务实、机智干练、自立自强和沉稳理性。

许燕等人的研究则更为清晰地显示，中国人的"善"人格包含尽责诚信、利他奉献、仁爱友善、包容大度四个维度；"恶"人格包含凶恶残忍、虚假伪善、污蔑陷害、背信弃义四个维度。

如此，我们不得不思考中国人的美德分类问题。

# 3 积极品质的"三维九度"

子曰："知者不惑，仁者不忧，勇者不惧。"（《论语·子罕》）孟子说："仁，人心也；义，人路也。"（《孟子·告子上》）智、仁、勇是孔子的道德人格分类；仁和义是孟子的道德人格分类。

董仲舒在《春秋繁露》中提出了五常：仁、义、礼、智、信。刘同辉与燕国材又将其含义进行了解读，将每一种美德进行了细分。

如果同时考虑中国传统伦理美德以及理论结合实证取向，积极心理教育的美德可分为三类——仁、智、勇。这是孔子最初的道德人格分类，暗合了心理学的基本理论，如心智知觉的对应道德理论（dyadic morality theory），这是代表性的人心理论。该理论认为人性实际上是两个维度，即所谓能动（agency）和体验（experience）。能动是道德主体（moral agent）的道德地位体现，能动者常常被人知觉为行为的发出者，因此，能动高者被认为需负道德责任；体验是道德客体（moral patient）的道德地位体现，体验者常常被人知觉为行为的接受者，因此体验高者被认为具有道德义务。

人性不过是能被人知觉为体验或者能动而已。

人即能动、体验兼而有之。那么何为体验？即有饥饿、害怕、愉悦、愤怒、欲求、人格、意识、骄傲、尴尬和喜悦的能力；何为能动？即有自我控制、道德、记忆、情绪再认、计划、交流和思考的能力。

你会发现仁、智、勇贯穿其中，而最为对应的则是将对应道德理论重新进行因素分析之后的生活概念理论。心理生活概念（conceptions of mental life）理论对上述对应道德理论的维度重新进行了划分。它对人性能力进行了重新筛选和大样本调查，发现人类心理生活概念即人心，应分为三个维度——身体（body）、心智（mind）、情感（heart）。

**人类心理生活的维度表**

| 人类心理生活分类 | 能力 |
|---|---|
| 身体（body） | 感受饥饿、体验疼痛、感受劳累、体验恐惧、体验愉悦、进行计算、有自由意志、有意识、感觉安全、有欲望、感受恶心、感受平静、感到生气、有意图、能知觉到自我 |
| 心智（mind） | 记住东西、再认他人、感觉温度、与他人交流、看到东西、感知深度、朝向目标努力、听到声音、做出选择、推理、闻到气味 |
| 情感（heart） | 感受尴尬、体验自豪、感觉爱、体验愧疚、有信念、感觉不受尊重、感到抑郁、理解他人感受、体验快乐、有人格、感受高兴、分辨对错、进行自我克制、有思维 |

此理论不再从行为的发出者和接受者角度来考虑，而是抛开人际原因，直接用个体的身体、心智和情感来进行划分，虽内在逻辑上还稍有重合之处，但是这三个维度已然可以解释不少人性现象。物体如订书机在三个维度上均无；机器人没有情感和身体，只有心智；甲壳虫有部分的身体和心智，但是没有情感。

不难发现，身体便是勇，心智便是智，而情感便是仁。如果将仁、智、勇具体化，应该分别包含三个子维度。

**积极品质的三维九度表**

| 三维 | 仁 | 智 | 勇 |
|---|---|---|---|
| 九度 | 爱人 | 智慧 | 勇敢 |
| | 悦己 | 文雅 | 坚韧 |
| | 为乐 | 冷静 | 信义 |

**仁者无忧：**

仁之一为爱人。包含仁爱、宽恕、依恋、关系、沟通、仁慈、领导力、亲环境、命运共同体等。

仁之二为悦己。包含自我认知、自尊自信、社会比较、爱护自己、谦虚、自主等。

仁之三为为乐。包含福流、享受、共情、敬畏、提升、乐观、积极情绪等。

**知（智）者不惑：**

智之一为智慧。包含理性、灵活、好奇、洞察、创造、观念、归因、独立思维等。

智之二为文雅。包含儒雅、克己、守礼、尚美、超越、学习、欣赏、希望、幽默、信仰等。

智之三为冷静。包含和谐、谨慎、自控、感恩、富足、道德、品味、专念、正念等。

**勇者不惧：**

勇之一为勇敢。包含勇气、活力、激情、真诚等。

勇之二为坚韧。包含坚毅、韧性、压力应对、延迟满足等。

勇之三为信义。包含信任、公正、严谨、合理、助人、意义、自信、守信、忠诚、尽责等。

基于此，我们将积极品格教育概化为"三维九度"分而教之，而教育之道则应遵循道德教育或者积极教育的基本原则。本套积极心理教育指导手册将按照孩子年龄的发展阶段，分别对这些美德和品格优势进行塑造，塑造方式是尽量遵循联结、情境与认同的原则，以期形成对孩子基于理性的习惯化品格优势的塑造。

第二部分

# 积极教育实践

# 1

# 同舟共济
## ——集体与我

仁

维度 爱人

## 🌱 知识要点

　　社会认同感和集体意识是学生成长中不可或缺的部分，但这往往与学生的自我意识相冲突，所以一些学生与集体脱离的现象时有发生。这时候老师可以通过营造氛围感、创造合作环境，帮助学生意识到集体的价值，使其融入集体。

## 📖 故事分享

　　小 A 是 1 班的学生，不到一个星期，他就融入这个班了。他喜欢主动结交朋友，如跑步快的小强、幽默的小华、腼腆的小建、勤奋的小红等，和他们交谈，小 A 觉得自己的知识面拓宽了，看问题的角度也更全面了。小 A 原来学习积极性不高，可在班级热烈的学习氛围的影响下，他学习劲头变得很足。小 A 也积极参加班级各种活动，他的才华得到了大家的肯定。

　　一天，在准备迎接校运会的工作安排中，班里大多数同学同意连续一周在放学后的半小时内进行彩排，但小 A 想快点去吃饭，然后去看书，因为他一周后要参加作文比赛，这可怎么办呢？他很苦恼。

◆思考与讨论◆

1. 小 A 是如何融入集体的？你还有更多的方法吗？你认为融入集体重要吗？集体对个人会有限制吗？有哪些方面的限制？

2. 小 A 应该用什么方法处理彩排的事情？每个人记录自己的观点之后，可以和其他同学一起分享，探讨方法的合理性。

## 活动体验

### 你最常用的融入集体的一种方法

请写下"我最常用的融入集体的一种方法""我在集体中保留个人空间和时间的做法"。课后可将你的方法贴在班内心理宣传栏上，与全班同学一起学习、分享。

## 素养习得

### 我看到的班集体

你看到的班集体是什么样的呢？这里的交流方式是什么？这里有什么大家都认同的文化？你喜欢这里吗？你喜欢在这个班集体中扮演什么样的角色呢？

# 2 安之若素
## ——初中学习新生活

维度　冷静

## 🌿 知识要点

初中是学生发展独立能力的重要阶段，不仅指生活能力，还有学习上的自主能力。常言道，学习是为自己而学，但这对于部分学生来说是难以意识到的。老师可以引导学生树立小目标，做好学习规划，让孩子走上自主学习的正轨。

## 📖 故事分享

### 初入初中

晓盈升入初中后，加入了一个新的班集体，学习科目突然变多，课程安排也完全不同。她感觉每天都要学习很多知识，看到了老师发的教材就压力很大。她跟身边的同学也不太熟悉，也没有可以倾诉、学习的对象。各种情况都让晓盈感觉到很迷茫，可她又不知道该如何调整。

◆思考与讨论◆

1. 刚刚进入初中的你是否也有这样的感受呢？你觉得可以从哪里寻找帮助你解决问题的办法呢？

2. 你身边的同学是否也有这种状态呢？你觉得可以怎样帮助他们呢？

💡 **活动体验**

## 学业大不同

1. 以小组为单位，探索初中学业上的变化，并说明信息来源（信息来源指：亲身体会、父母告知、老师告知、学长告知、书本、道听途说等）。

### 学业变化记录表

| 项目 | 变化 | 信息来源 |
|---|---|---|
| 学习内容 | | |
| 学习难度 | | |
| 学习方法 | | |
| 学习要求 | | |
| 其他 | | |

2. 为了适应新的学业上的变化，我们应该如何为未来的学习做好准备呢？具体要做哪些事情呢？请你完成初中任务量表，按照这些做法的重要性（"1"代表不重要，"5"代表很重要）以及自己目前能达到的程度（"1"代表完全没达到，"5"代表已经做得很好），从1~5打分。

### 初中任务量表

| 具体任务 | 重要性 | 完成程度 |
|---|---|---|
| 养成良好的学习习惯 | | |
| 思考解决问题的多种办法 | | |
| 思考自己的优势 | | |
| 制定学习目标 | | |
| 深入了解我的学习兴趣 | | |
| 参加学科竞赛 | | |
| 自己不懂的问题积极询问老师 | | |

（续上表）

| 具体任务 | 重要性 | 完成程度 |
|---|---|---|
| 深入研究自己感兴趣的学科 | | |
| 培养自己的某项特长 | | |
| 学习上积极帮助身边的同学 | | |
| 参加兴趣班或课外活动小组 | | |
| 提前学习相应的学科知识 | | |

3. 小组讨论"适应学业上的变化的最重要的三个任务"分别是什么？要达成这些任务，需要克服什么困难，如何才能完成任务？

**适应学业变化任务表**

| 最重要的任务 | 面临的困难 | 完成任务的方法 |
|---|---|---|
| | | |
| | | |
| | | |

📊 **素养习得**

**我的资源库**

学习是充满挑战的活动，应当注重体验的过程。学习就像旅行一样，需要我们慢慢地体会，如果一切都已知就失去了趣味。当你遇到学习上的困境时，可以在身边寻找资源，积极解决问题。请你制作一个学习资源库。

**学习资源库**

# 3 心诚志坚
## ——心中的信仰

维度 信义

## 🌱 知识要点

信仰是一种抽象的概念，在引领学生认识信仰的力量时，老师可以以史为鉴，让学生对信仰有自己的判断，从而意识到信仰对自身的积极影响，培养或寻找自己的信仰。

## 📖 故事分享

### 信仰是什么

一个人问智者："信仰是什么？"

智者反问："你走过大桥吗？桥上有栏杆吗？"

"有。"

"你过桥的时候扶栏杆吗？"

"不扶。"

"那么，栏杆对你来说就没用了？"

"当然有用，没有栏杆护着，我掉下去怎么办？"

"可是你并没有扶栏杆啊？"

"可是……可是没有栏杆，我会害怕！"

"好，信仰就如同桥上的栏杆！拥有了信仰的保障，你的烦恼和恐惧就没有了，这样生活心里才会踏实。这就是信仰的力量。"

信仰是指人们自发地对某种思想、宗教或某人某物的信奉和敬仰。

也就是说，信仰是人们对某种思想或事物坚信无疑的心理态度和精神状态，是认识、情感、意志的整合和统一。

◆思考与讨论◆

一些名人、伟人有信仰，那你有信仰吗？你的信仰是什么？为什么需要信仰？

## 活动体验

### 认识信仰

阅读以下两则材料，谈谈你的感想。你认为中学生应该树立怎样的信仰？

**材料一：**

澳大利亚曾经有一个野蛮民族，族人不分男女老幼，个个孔武有力，赤手空拳也能和狮虎搏斗。残暴的性情加上天赋的力量，令其他弱小的族群长期生活在他们的欺凌之下。但经过调查，这个民族后来是澳大利亚所有稀少民族中最先灭亡的一个。

有人发现这个民族传袭着一种奇怪的信仰——禁止洗澡。他们认为身体的污垢是神赐的礼物，若加以洗净，力量就会消失，使他们形同软弱的兔子，毫无反抗之力，任敌人宰割。

于是，几个弱小民族联合起来，在一个风雨交加的夜晚，将暴涨的河水引导进他们居住的洞穴。果然，突如其来的河水，令他们发出惊惶的哀号，一时仿佛失去了所有的力量，一个个痴痴地瘫倒在地。当一支支石刀刺进他们的胸膛，尽管鲜血四溅，他们却因相信力量已经完全消失，不做任何抵抗，最后被其他民族消灭。

**材料二：**

国际救援界普遍公认，发生地震后，如果被埋者在震后的 72 小时内获救，幸存的概率比较高。超过 72 小时，则意味着生还的机会将逐渐流失——被埋者受伤，长时间无法救治很可能会因为失血而死亡；即使被埋者没有受伤，也可能由于无法获取水、食物，以及温度变化等外在因素，难以坚持太长时间。

崔昌惠是成都电力巴蜀电站金河一站的女职工。2008 年"5·12"汶川地震后，她被压在废墟下，同事们奋力将她挖出来，但她全身是伤，不能动，他们只好把她放在引水洞里。刚开始，部分同事和她的父亲与她在一起，但没吃没喝，余震不断。后来，能动的同事陆续逃出山外。14 日，她的父亲离开了，跟她说去山外找人来救她，父亲走时，给她留下了一个苹果。崔昌惠回忆，她吃过苹果，吃过蚯蚓，吃过青草，喝过自己的尿。她当时只有一个信念：要活下来，一定要活着见到亲人，解放军一定会来救她的！21 日下午，被困 216 小时的崔昌惠被成功救出。

◆小贴士◆

信仰能使人拥有力量，也能使人失去力量。信仰的力量是巨大的。如果走进了信仰的误区，不仅会束缚、扭曲人的思维，甚至会扭曲人的感受和认知，使人丧失理性，最终一步步地走向灭亡。而正确、积极的信仰是一个人的光明指引，它能指引人生的奋斗目标，提供人生的前进动力，提高人生的精神境界。因此，我们应该树立让自己不断前进的积极信仰。

## 素养习得

### 我的信仰

想象你遵照心中的信仰去生活、学习、交友，会变成一个什么样的人？请把这些想象写下来。

# 4 争分夺秒
## ——妙用时间

维度　智慧

## 知识要点

学会管理时间，在劳逸结合的基础上，对时间进行科学规划，是初中生应具备的技能。但是一些学生往往难以意识到时间是不容易把握的。老师可以在本节课中带学生感受时间的流逝，让学生意识到时间的宝贵，从而学会珍惜时间，合理利用时间。

## 故事分享

### 价值2.5万美元的时间管理方法

伯利恒钢铁公司总裁查理斯·舒瓦普去会见效率专家艾维·利。艾维·利说，他可以在10分钟内给舒瓦普一样东西，这样东西能把他的公司的业绩提高至少50%。

艾维·利递给舒瓦普一张空白的纸，说："在这张纸上写下你明天要做的6件最重要的事。"过了一会儿他又说："现在用数字表明每件事情对于你和你的公司的重要性次序。"这花了大约5分钟。艾维·利接着说："现在把这张纸放进口袋。明天早上第一件事是把纸条拿出来，做第一项。不要看其他的，只看第一项。着手办第一件事，直至完成为止。然后用同样方法对待第二项、第三项……直到你下班为止。如果你只做完前5件事，那不要紧。因为你总是做着最重要的事情。"

艾维·利又强调："每一天都要这样做。你对这种方法的价值深信不疑之后，叫你的同事及下属也这样做。这个试验你想做多久就做多久，然后给我寄张支票来，你认为值多少钱就在支票上填多少金额。"整个会见历时不到半个小时。几个星期之后，舒瓦普给艾维·利寄去一张2.5万美元的支票。

5年之后，伯利恒从不为人知的小钢铁厂一跃而成为世界上最大的独立钢铁厂，艾维·利提出的方法为舒瓦普赚得1亿美元。

（源自周伟强：《时间管理也是一种资源管理》，《金融博览》2006年第2期）

◆ 思考与讨论 ◆

一个时间管理的方法值2.5万美元，为什么？

**活动体验**

### 将塑料瓶装满

实验材料：塑料瓶、乒乓球、小石头、沙子、水。

讲台上有一个塑料瓶，还有很多乒乓球、小石头、沙子和水。用什么办法能够将乒乓球、小石头、沙子和水都尽可能地装进塑料瓶里呢？

◆ 思考与讨论 ◆

如果先放小石头或沙子、水，会有怎样的效果？

◆ 小贴士 ◆

在实验过程中，乒乓球、小石头、沙子和水的投放顺序会直接影响到实验的效果。塑料瓶代表一天的时间，乒乓球代表紧急且重要的事情，小石头代表重要但不紧急的事情，沙子代表娱乐、轻松的事情，水代表休息、休闲的事情。把什么先放进去，意味着我们一天的收获有多少。

如果先装小石头、沙子和水，再装乒乓球几乎就不可能了；如果先装乒乓球，塑料瓶内会留出意想不到的空间用来装小石头、沙子和水。学习也一样，要分清楚乒乓球、小石头、沙子和水分别代表着什么，并且记住要先做紧迫且重要的事情。

## 素养习得

以下列出了十种有效的时间管理方法，成功掌握这些方法，不仅能提升你做事的效率，还能让你更加有达成目标的自信。

（1）定制生活目标，按照重要程度排序。

（2）集中精力完成最重要的任务。

（3）每时每刻铭记你最重要的目标。

（4）用金钱衡量时间。

（5）不要太执着于完美。

（6）为每个任务设置一个时限。

（7）试着为每天的工作制定时间表。

（8）将大目标转换成几个小任务分别完成。

（9）可以将某项任务交给别人。

（10）给每个步骤指定时限。

# 5 金兰之交
## ——我们是好朋友

维度 爱人

## 知识要点

学会接纳自己与他人的个性，学会总结集体成员之间的共性，学会求同存异，是重要的社会技能。同学之间的摩擦往往源于彼此的不同，老师可以通过带领孩子从对方的角度看待事情，提高学生的共情能力，从而让学生学会与不同个性特点的人相处、沟通和合作。

## 故事分享

### 陈雷胶漆

陈重和雷义是东汉年间豫章郡（今江西南昌）两位品德高尚、舍己为人的君子。两人为至交密友，当时人们称颂道："胶漆自谓坚，不如雷与陈。"

陈重年轻时与同郡的雷义结为知交，两人一起研读《鲁诗》《颜氏春秋》等经书，都是饱学之士。太守张云闻陈重之名，欣赏他的德才品行，举荐他为孝廉，陈重要把功名让给雷义，先后十余次向太守申请，太守不批准。第二年，雷义也被举为孝廉，二人才一起到郡府就职。

一次，有一小吏家遭变故，举债负息数十万，债主天天上门索讨，小吏跪求暂缓，债主仍无法通融，欲诉官府。陈重得知后，便私下替他还债。小吏十分感激，登门拜谢，陈重若无其事地说："这不是我做的，也许是与我同姓名的人代你偿还的吧！"又有一次，一个同事告假回乡，匆忙中错穿了别人的一条裤子。失主怀疑是陈重拿走的，陈重也不置申辩，而是买了一条新裤赔偿给他。直到回乡奔丧的同事归来，才真相大白。

雷义起初任郡府功曹，举荐提拔了很多德才兼备的人，却从不夸耀自己的功劳。雷义曾经救助了一个犯了死罪的人，使他减刑得以赡养一家老少。这个人为了感谢雷义的恩德，攒了两锭黄金送到雷家，以表寸心，雷义坚决不受。这个人没办法，只好趁雷义不在家时，暗暗把黄金放在雷家老屋的天花板上。若干年后，雷义修葺房屋，翻开屋顶，才发现那两锭黄金。但是送黄金的人已过世，妻小也不知流落何方，无法退还。雷义便将黄金交付县曹，充入县库。

陈重与雷义两人同时官拜尚书郎，雷义因为代人受罪，被免职。陈重也以身体有病为由辞职，与雷义一同还乡。后来三府同时征召两人，雷义被任命为灌谒，他持节督查诸郡国的风俗教化，设席讲学；陈重出任细阳县令，举措标新立异，颇有政绩，后又升任会稽郡太守。

世人赞道：陈雷胶漆，肝胆相照；为官为民，政声载道。

[译自（南朝·宋）范晔：《后汉书·独行传·雷义传》，西安：太白文艺出版社，2006 年]

◆ **思考与讨论** ◆

你如何看待陈重和雷义的友情？为什么他们二人能够保持一生的情谊？

◆ **小贴士** ◆

陈重和雷义互相欣赏、互相督促、互相照顾、互相扶持。同时，他们在各自的生活和岗位上，都是有责任、有担当、有善心的人。他们在共同坚守自己心中的信仰，做到了肝胆相照、为官为民、政声载道。

💡 **活动体验**

## 我的个性特点

**活动说明：**

1. 用黑笔写出自己的个性特点，写在人形图案内。

2. 邀请组员用蓝笔补充他们看到的个性特点，写在人形图案外。

**个性特质词汇表**

| 热情 | 果断 | 活跃 | 冒险 | 乐观 | 情感丰富 |
|------|------|------|------|------|----------|
| 好社交 | 信任 | 直率 | 依从 | 谦虚 | 助人为乐 |
| 有条理 | 尽责 | 自律 | 谨慎 | 冲动 | 脆弱 |
| 敏感 | 独立 | 聪明 | 坚韧 | 健谈 | 想象力丰富 |

**小组讨论：**

**我们的个性特点**

| 我们相似的个性 | 我们最不同的个性 |
|----------------|------------------|
| 1. | 1. |
| 2. | 2. |
| 3. | 3. |
| 相似的个性的优势： | 不同的个性可能引起的问题： |

## 素养习得

**学习目标：**

让学生明白每种个性的人都有自己的优势，学会求同存异，学会与他人和谐相处。

**学习内容：**

（1）请学生用一个词语或一句话分享自己的想法、感受、收获或决定。

（2）老师总结。

# 6 庖丁解牛
## ——福流澎湃

维度　为乐

## 🌱 知识要点

匈牙利籍心理学家米哈里·奇克森特米哈伊（Mihaly Csikszentmihalyi）为感到快乐的境界想出了一个新的词汇，他对此称为"福流体验"。在其所著的《福流：一种美妙的心理状态》一书中，提出了福流的六种特征：

第一，全神贯注，注意力高度集中，完全沉浸在自己所从事的工作之内，忽视了外在所有的影响；

第二，知行合一，行动和意识完美地结合，已经变成了一种自动化的、不需要意识控制的动作，有一种行云流水般的流畅感；

第三，物我两忘，自我的意识暂时消失，此身不知在何处；

第四，时间飞逝，有强烈的时间飞逝感，不知不觉中，百年犹如一瞬间；

第五，驾轻就熟，对自己的行动有一种完美的掌控，不担心失败，不担心结果，充分体验行动的过程，感受到自己每一个动作的精确反馈；

第六，陶醉其中，有一种超越日常现实生活、发自内心的积极、快乐和主动，不需要外在奖励就能体验到行动的快乐，完成之后有一种酣畅淋漓的快感。

📖 故事分享

## 庖丁解牛

有一个名叫丁的厨师替梁惠王宰牛，他的手所接触的地方，肩所靠着的地方，脚所踩着的地方，膝所顶着的地方，都发出皮骨相离之声，刀子刺进去时响声更大，这些声音没有不合乎音律的。它竟然同《桑林》《经首》两首乐曲的伴奏舞蹈节奏合拍。

梁惠王说："好啊！你的技术怎么会高明到这种程度呢？"

丁放下刀回答："我所探究的是事物的规律，这已经超过了对于宰牛技术的追求。我刚开始宰牛的时候（对于牛体的结构还不了解）无非看见的只是整头的牛。三年之后（见到的是牛的内部肌理筋骨）再也看不见整头的牛了。宰牛的时候，我只用精神去接触牛的身体，而不必用眼睛去看，全凭精神意愿在活动。我顺着牛体的肌理结构，劈开筋骨间大的空隙，沿着骨节间的空隙运刀，这都是依顺着牛体本来的结构进行的。宰牛的刀从来没有碰过经络相连的地方、紧附在骨头上的肌肉和肌肉连接的地方，更何况股部的大骨呢？技术高明的厨工每年换一把刀，是因为他们用刀去割肉。技术一般的厨工每月换一把刀，是因为他们用刀去砍骨头。我这把刀已用了十九年了，宰牛数千头，而刀口却像刚在磨刀石上磨过的一样。牛身上的骨节是有空隙的，可是刀刃并不厚，用这样薄的刀刃刺入有空隙的骨节，那么在运转刀刃时一定宽绰而有余地了，因此这把刀用了十九年而刀刃仍像刚磨过一样。虽然如此，可是每当碰上筋骨交错、难以下刀的地方，我就十分谨慎，目光集中，动作放慢，刀轻轻一动，"哗啦"一声骨肉就已经分离，像一堆泥土散落在地上了。每当此时，我提起刀站着，为这一成功而得意地四下环顾，悠然自得、心满意足，然后把刀擦拭干净，收藏起来。"

[译自（清）王先谦编著：《庄子集解》，成都：成都古籍书店，1988 年影印]

◆ 思考与讨论 ◆

庖丁解牛时体验到的感觉可能是怎样的？

## 活动体验

### 寻找福流

让学生在自主选择的不同活动中寻找福流体验的时刻，总结发现产生福流的活动特点。

学生分小组就坐，每个小组准备魔方、数字华容道、钢笔字帖、彩笔、《秘密花园》图画册、计时器等。

给每个学生发一份任务清单：

（1）魔方——挑战还原六个面的最短时间；

（2）数字华容道——挑战最快还原给定的数字顺序；

（3）钢笔字帖、《秘密花园》图画册——尝试在 8 分钟内又快又好地完成最多的作品。

请学生自主选择一项任务。班主任统一按下秒表对所有任务计时。选择魔方和数字华容道的学生需要自行记录完成时间。选择钢笔字帖和图画册的学生需要专心涂写 8 分钟。

◆ 思考与讨论 ◆

1. 请交流你在刚才的活动中的体验和感受，并寻找有福流体验的个案与大家分享。

2. 在日常的学习生活中，你有过哪些类似魔法时刻的福流体验呢？

◆小贴士◆

置身于福流体验的人们，不但会感觉到深深的满足，还会无视时间的流逝，因为手中的工作而彻底忘记了自己。当这些人沉浸于往往会让人筋疲力尽的工作时，反倒收获了他们最快乐的时光。我们要善于寻找学习过程中的福流并积极创造产生福流的条件。

学习中福流产生的条件如下：

（1）专注：密切地专注于某项活动；

（2）自主：这些活动是我们自己的选择；

（3）挑战：这项活动难度不能低到让我们感到无聊，也不能高到让我们过劳而无所适从；

（4）目标明确：这项活动必须具备明确的目标；

（5）及时反馈：活动的成果必须立即收到反馈。

## 素养习得

让学生通过总结，了解"心无旁骛，物我两忘"的状态是令人着迷的，了解进入这个状态的三个关键是：有清晰的挑战，并能占据我们全部的注意力；有能力接受挑战；每进行一步都会得到及时的反馈。

# 7 取之有度
## ——喜欢有节制

**维度** 冷静

## 🌱 知识要点

　　节制是控制过剩欲望的美德。通常这个词被理解为禁欲，特别对于一些令人愉悦的欲望，如吃、喝、玩等。在这里，节制是一个更普遍通用的术语，包括任何形式的自我约束。例如，节制在心理术语中指自我效能或自我调节，即在没有外部帮助的情况下，自主练习监控和管理。

## 📖 故事分享

### 饮食节制

　　人们常说健康饮食需要"八分饱"。八分饱并没有吃到最饱，但为什么这种对食欲的克制却能带来健康呢？

　　其实早在中国古代，人们便对饮食的饱腹程度和健康的关系有所研究。《道德经》中有"五味令人口爽"，即甜、酸、苦、辣、咸五种味道（指各种美味）吃得多了，味觉会丧失。老子意在提醒世人，不可贪图身体享受，从而导致最终的败亡。清代名医曹廷栋说："勿极饥而食，食不过饱；勿极渴而饮，饮不过多。"前一句话的意思是不要等到饿到极点才吃饭，吃饭不能吃太饱。这与《抱朴子》说的"食欲数而少，不欲顿而多"是同样的道理。

　　西方对饮食的节制也早有研究。自20世纪30年代起，西方科学家以蠕虫、苍蝇、小鼠和猴子为对象做实验，尤其是1935年的一场小白鼠实验，科学家发现，让小白鼠节食30%后，其寿命反而更长。在一项以猴子为研究对象的研究中，美国国立衰老研究所（NIA）的科学家茉莉·马蒂森和她的同事对多项研究结果进行综合分析后认为，比起正常进食的猴子，进食量少的猴子死亡率更低，寿命更长。威斯康星大学的科学家经过长期观察后也发现，吃得少的猴子外表更年轻，身体更健康，癌症和心脏病发病率降低了50%以上。

孟子说："生于忧患，死于安乐。"在均衡协调的情况下，要让身体细胞保持一定的"饥饿感""危机感"，从而让细胞更有活力，生命力更旺盛。

（源自陈宗伦：《少吃1/3多活20年》，《养生保健指南：中老年健康》2017年第8期）

---

### ◆思考与讨论◆

关于猴子的实验研究说明了什么道理？

现场调查一：我喜欢的食物有＿＿＿＿＿＿＿，它可以让我＿＿＿＿＿＿＿。最多的一次，我吃了＿＿＿＿＿＿＿＿。吃得过多，对我的影响是＿＿＿＿＿。

现场调查二：我喜欢的娱乐方式有＿＿＿＿，它可以帮助我＿＿＿＿。最疯的一次，我曾玩了＿＿＿＿，结果＿＿＿＿。

---

## 活动体验

### 角色扮演——天人交战

**活动要求：**

一人扮演小朱，一人扮演家长，一人扮演天使（劝说小朱不要沉迷游戏），一人扮演恶魔（怂恿小朱继续游戏）。

**故事情节：**

小朱今年 13 岁，是一名七年级的学生，喜欢上网玩游戏。最初，他周末做完作业才上网玩一两个小时；接着一发不可收拾，一天玩好几小时，作业也不做了；后来他经常通宵上网，白天睡觉，日夜颠倒，有时几天不眠不休，累了就睡一两天，饮食起居完全没了规律；现在他也不去学校上课了，身体健康状况急剧下降，一副病恹恹的样子，看见都感觉他会随时倒下。为此，家长曾多次与小朱发生争执。

这天，小朱刚睡醒，他又想玩游戏了……

小朱会如何做？请学生以四人小组为单位，对上述情景进行续编。

◆**思考与讨论**◆

小朱的这种做法会给他带来什么影响？

◆**小贴士**◆

业精于勤，荒于嬉；行成于思，毁于随。切记不可放纵自己，否则可能会迷失方向，意志涣散，最终走向堕落。

## 素养习得

### 头脑风暴

你有什么好方法可以提高自身的节制能力？把你想到的好方法写在"智慧果"里。小组分享后，把"智慧果"贴在"智慧树"上。

◆小贴士◆

歌德说："毫无节制的活动，无论属于什么性质，最后必将一败涂地。"这告诫人们：无论做任何事情，自制都至关重要，不可过度。要做到节制，就得一次次勇敢面对来自各方面的对自我的挑战，不要轻易地放纵自己，哪怕它只是一件微不足道的事情。

# 8

## 得心应手
### ——解决问题的钥匙

**维度** 智慧

## 🌱 知识要点

问题不是问题，如何解决问题才是问题。

每个人面对问题的时候都会有不同的行为，如果我们能找到解决问题的方法，就能更好地应对问题。你可以根据平时的想法和表现，对照下表，看看你属于哪一类型。

**自我类型判断表**

| 类型 | 想法 | 做法 | 结果 |
|------|------|------|------|
| 小难办 | 1. 反正我这样的人不行<br>2. 如果失败了很丢人 | 1. 马上放弃<br>2. 一味在意别人的目光 | 1. 虽然知道终点的方向，却没有行动<br>2. 在起点徘徊，畏缩不前，不能到达终点 |
| 小评论家 | 1. 问题就在于此，是他不好<br>2. 你瞧，我不是说了不行吗 | 口头上说说，什么都不做 | 能够指出问题是什么，却缺乏行动力，无法到达终点 |

（续上表）

| 类型 | 想法 | 做法 | 结果 |
|---|---|---|---|
| 小蛮干 | 1. 只要按照老师、长辈说的做就行了<br>2. 失败是因为干劲不足 | 1. 充满干劲，态度积极<br>2. 没有自己的想法和意见<br>3. 不懂思考的重要性 | 1. 全力以赴地前进，却走错了方向<br>2. 不能以最短路程到达终点，进步速度慢 |
| 解决问题的行动者 | 1. 好，三个月之内一定能做到<br>2. 为什么会产生这种问题<br>3. 怎样做才会更顺利 | 1. 通常有具体的目标<br>2. 探求现象内部问题的本质<br>3. 经常检查进展情况，不断进步 | 独立思考、行动，有时会更改方向，以最短的路线到达终点 |

## 📖 故事分享

　　明明最近数学成绩下滑明显，为此他感到非常焦虑和疑惑。他一直都很认真学习，为了提高成绩，他甚至晚睡早起，但成绩仍无法提高。

### ◆思考与讨论◆

　　为什么明明晚睡早起成绩仍无法提升呢？你对此有什么看法？

◆小贴士◆

　　有的学生会通过延长学习时间，甚至放弃其他兴趣活动来全力学习，但没有对症下药，不能提高成绩，成为典型的"小蛮干"。

　　老师可帮助学生分析"解决问题的行动者"会思考的问题：到底是哪一类的题目解答不了？为什么解答不了？是时间不够没有做，还是做了但没有做出来？以"明明数学成绩下滑"为例，可列出"分解之树"（如下图）：

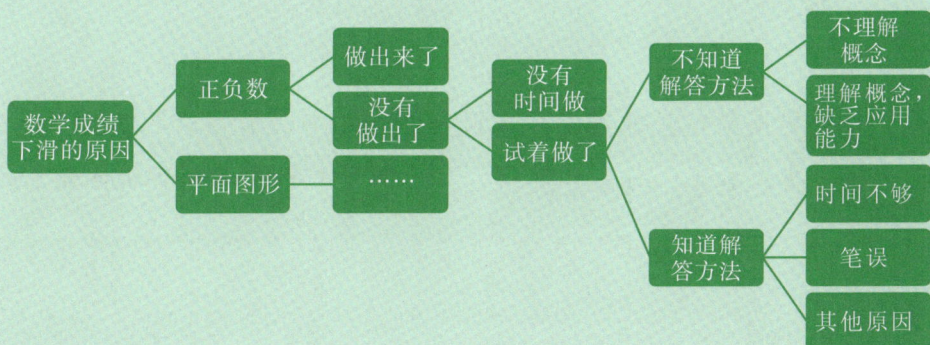

## 活动体验

### 解决问题，信息先行

　　在大家的帮助下，明明发现了自己数学成绩下滑的原因。请以小组为单位，帮助明明收集解决问题的信息，填入下表，并提出建议，每个小组派代表分享讨论结果。

**解决问题信息收集表**

| 成绩下滑的原因 | 在哪里可以找到这些信息？ | 用什么方法解决这个问题？ | 怎么知道这个问题已经解决了？ |
|---|---|---|---|
| 不理解正负数的概念 | 例：课本、练习册中 | 例：阅读概念，完成书本例题 | 例：能用自己的语言讲出正负数概念 |
| 理解概念，缺乏应用能力 | | | |
| 时间不够 | | | |
| 笔误 | | | |

◆ **小贴士** ◆

平时要提高信息敏感度，多观察、多思考。懂得对收集到的信息进行分析、加工、分享和转换，从而帮助自己更好地解决问题。

## 素养习得

假设 A、B、C 的起点能力都是 100，他们的才能完全相同，但是，是否有三思而后行的习惯决定了他们进步速度的快慢。A 以每月 1% 的速度进步，B、C 则分别以每月 5%、10% 的速度进步，试想一下，3 年后三人会有多大差异呢？3 年后，每月以 1% 的速度进步的 A 的能力是 143，每月以 5% 的速度进步的 B 的能力是 579，每月以 10% 的速度进步的 C 的能力是 3 091，可见，仅仅 3 年的时间，A 与 C 之间会出现近 22 倍的差异。

"解决问题的行动者"每次都能从自己的行动中学到知识或经验。他们成功时会想怎么做会更好；失败时会思考问题所在，怎样才能避免重蹈覆辙，然后在下次行动中实践。

# 9 不骄不躁
## ——学会与烦躁相处

维度 冷静

## 🌱 知识要点

自我管理是指一个人控制自己的反应，以追求目标并达到标准。这些反应包括思想、情绪、冲动、表演和其他行为。标准则包括理想、道德禁令、规范、绩效目标和对他人的期望。自我管理一词通常可理解为控制一个人的冲动，以更道德的方式来行事。自律一词也与自我调节有关，如让自己做自己不想做的事情，抵制诱惑。推翻或改变自己的反应在自我调节中尤其重要。

## 📖 故事分享

### 让河水静下来

有一个年轻人被烦恼所困扰，这些烦恼无休止地在他的脑海里翻腾，他感觉完全失去了控制，于是向一位智者寻求建议。智者拿着一个大玻璃罐，带年轻人来到一条河的岸边，问道："你注意到了什么？"

"这条河又浑浊又脏，"年轻人皱着眉头说，"它不停地奔流，一遍又一遍地翻腾。"感觉他是在描述自己的想法。

智者接着问："你认为你能控制汹涌的水流吗？"

年轻人说："也许建一个巨大的水坝就可以控制吧。但凭借我个人的力量，我不得不承认，我不能。"

智者把玻璃罐递给年轻人，让他装满一罐河水，又问年轻人："你能控制罐里的水吗？"

年轻人说："罐里的水在我手里，也许能够控制它吧……"

智者让年轻人把玻璃罐放在平地上，问他："你注意到了什么？"

年轻人回答："水依然很浑浊。"

智者说："很好！继续坐着，安静地看一会儿。"

年轻人按照智者的建议，把注意力放在水面上。就在这时，有些事情正在不知不觉地发生。罐里的水静止了，泥沙开始沉淀，水渐渐变清了。而此时，年轻人的头脑也在不知不觉中变得更加平静和清晰，他的呼吸变得更平稳了，身体更放松了。又过了一段时间，泥沙已经沉到了罐底，水是那么干净，看上去可以喝，年轻人的心也变得同样清澈、干净、平和。

"你现在有什么想法吗？"智者问。

"也许当我感到忧虑或烦恼时，我可以到河边散步，收集一罐水，放在家里的架子上，静静地观察它。"

智者说："是否可以做到即使没有一罐浑水，通过练习静坐，也可以让你的心变得像沉淀后的水一样清澈呢？"

年轻人平静地点点头，他明白水只是一种说明性的比喻，真正的变化来自他自己静坐并让头脑冷静下来的过程。

---

◆**思考与讨论**◆

当我们烦躁的时候，心里就像汹涌的河水一样。从这个故事里，你是否有关于平复心情的收获呢？

---

## 活动体验

### 练习静坐 5 分钟

练习静坐 5 分钟，体会静坐的感觉。请学生选择一个舒服的姿势坐好，保持身体不动，闭上眼睛。先让学生把注意力集中在呼吸上，用鼻子慢慢地吸气，慢慢地呼气。然后把注意力集中在内心的感受上。

请学生分享静坐后的感受或想法。

## 📊 素养习得

### 积极暂停

当我们烦躁的时候，大脑需要暂停，因为内心烦躁时，我们很难理性地思考和解决问题，这时候我们需要冷静下来。

这时可以尝试创建积极暂停区：在家里选择一个安全的区域，摆放能够让自己平静下来的物品，并为这个区域起一个主题或名字。当自己感到"有失冷静"的时候，就进入这个区域坐一会儿，直到感觉好一些为止。在学校可以制作一张能够立起来的卡片，当需要"暂停"的时候，就把卡片放在桌上，这样大家就知道你在"暂停"中了。

# 10 冰释前嫌
## ——让冲突促进关系

仁

## 🌱 知识要点

没有完美的亲子关系，家庭关系中，冲突必不可少，特别是青春期的孩子与父母之间的冲突会更多。老师要引导学生正确地解释、应对冲突，并学会从冲突中让家庭关系更进一步提升。

## 📖 故事分享

### 亲子冲突缘何起

小 A 拿着一张 60 分的试卷给父母签名，被爸爸批评了一句，小 A 认为自己已经尽力了，就与爸爸吵了起来。妈妈在一旁反复地说，为什么会考差，上次都有 80 分呀，是不是玩手机玩的，要好好复习呀，现在不好好看书，将来怎么办呢？父母一致认为要暂时保管小 A 的手机。小 A 感到十分烦躁，关上房间，饭也不想吃了。

◆思考与讨论◆

1. 请看以下的亲子关系图片，猜测图片中表达的亲子关系是怎样的？你现在和父母的关系偏向于哪种？

2. 你认为理想的亲子关系是怎样的，理想的亲子关系会起冲突吗？

3. 一般来说，父母与孩子之间会因什么问题而起冲突？父母的本意是什么？

◆小贴士◆

老师总结父母与孩子之间起冲突的常见导火线。起冲突是因为冲突双方都试图说服对方接受自己观点或按自己的意思去做，背后隐藏着父母与孩子之间的爱。

💡 **活动体验**

**如何解决冲突**

针对以上故事，如果是你，你会怎么解决冲突？

邀请不同组学生进行情境表演，以不同的解决冲突的方式续演以上故事。

◆ 思考与讨论 ◆

请学生分析哪种方式最能体现积极应对，并请扮演不同角色的学生说出角色内心的感受。

## 亲子关系评价

提前邀请家长完成亲子关系评价表，学生用一分钟完成亲子关系评价表。把家长填写的亲子关系评价表发到每个学生手里，在学生同意分享的前提下，让部分学生说说自己的评价表和家长的评价表是否一致，自己和家长的沟通情况是怎样的？

### 亲子关系评价表

| 星级解释表 | 亲子关系自评星 |
| --- | --- |
| 五颗星为关系最佳，四颗星为较好，三颗星为一般，两颗星为需要改善，一颗星为极需要改善。 | ☆☆☆☆☆<br>（请根据相应情况涂星） |
| 亲子间起过冲突吗？（如有，往下做） | 有（　　　）　　　无（　　　　） |
| 如有冲突，冲突发生后双方会有意识地去化解吗？ | 有（　　　）　　　无（　　　　） |
| 化解冲突后，效果你满意吗？ | 满意（　　　）不满意（　　　　） |
| 如有冲突，多数冲突的起因是 | 学业问题（　　　）<br>行为问题（　　　）<br>性格问题（　　　）<br>交友问题（　　　）<br>其他问题（　　　） |

📊 **素养习得**

### 解决冲突小法宝

　　把学生的解决冲突小法宝展示出来，让学生快速浏览（老师挑选部分具有可操作性的方法，征得学生同意后，课后拍照分享在家长微信群，说明学生们的想法，推动家长也付出努力改进亲子关系）。

　　因为爱，我们希望对方做得更好，但因为沟通方式不恰当，影响了我们的亲子关系。良好的亲子关系需要家长和学生在一定的时间和空间里进行恰当的沟通而建立。

# 11 感戴须言
## ——看见、听见感恩

仁

维度 爱人

## 知识要点

"感恩",是对别人所给的帮助表示感激。"恩"字拆分为"因"和"心"时,可理解为"因为有你,心存感激";拆分为"大""口""心"时,可理解为心里有感激,要大声说出来,要表达出来。

## 故事分享

### 中国关于感恩的谚语

滴水之恩,涌泉相报。

衔环结草,以恩报德。

吃水不忘挖井人。

谁言寸草心,报得三春晖。

羊有跪乳之恩,鸦有反哺之义。

投之以桃,报之以李。

鱼知水恩,乃幸福之源也。

…………

◆思考与讨论◆

1. 请 1~2 位学生说说以上有关"感恩"的典故。

2. 老师发给每位学生一张白纸，学生自行设计感恩卡，写给一个对自己有影响、想感恩的人或物，可以是同学、老师、自己，也可以是环境、事物等。

💡 活动体验

### 被看见、听见的"感恩"

按照"我看见/听见_____（在座的同学或老师）做了/说了_____（可以是以前发生的，也可以是当下发生的），让我感受到/学到/减轻了_____，感恩有你！"发言。每位同学轮流发言，最后由老师发言，要具体到某个同学的名字。

◆思考与讨论◆

1. 请学生分享感恩的感受，被感恩的学生说"听到"的感受。

2. 学生就近以 6~8 人围成小组讨论：为什么要感恩？如何表达我们的感恩之情？小组派一名学生记录。

3. 学生代表分享。

◆小贴士◆

解答学生在讨论中产生的疑问。如暂时没有能力去回馈，还能表达感恩吗？感恩是要用物质回馈对方吗？

## 📊 素养习得

### 感恩三件事

每天睡前写下你今天想要表达的感恩，感恩的对象可以是人、事、物，甚至可以是天气，乃至自己。坚持一个月，看看自己有什么变化。

# 12

# 无二唯一
## ——知己知"比"

仁

## 🌿 知识要点

　　七年级的学生正处于青春期，迫切需要了解自己的价值，获取自己的成就感。引导他们正确认识自己的优势，可以激发他们更好地为自己的未来而努力，激发学习动力。

## 📖 故事分享

### 发现优势

　　王莉与李芳是小学同班同学，关系也非常要好。升入初中后，王莉被学校舞蹈队选中，李芳却没能入选。她因此十分失落，一直提不起劲，并开始疏远王莉，觉得自己什么都不行。一次上体育课，要进行跳远测试，李芳轻松一跳，就得了满分，老师也非常惊讶，发现她弹跳能力不错，于是提议她参加学校田径队。李芳每天坚持刻苦训练，很快就获得了优异成绩，她也重新焕发了光彩。

> ◆思考与讨论◆
>
> 　　李芳由一蹶不振到焕发光彩，中间经历了什么？你也希望像李芳一样，找到自己的优势吗？想一想，你擅长什么？

💡 活动体验

## 我的简历

两名同学为一组，小组内抽签决定扮演角色：HR 与求职者。

求职者：填写求职意向表，准备 1 分钟自我介绍。

HR：先了解求职者应聘意向，根据职业每人设计一条问题考核求职者。

面试开始后，先由求职者进行自我介绍，然后由 HR 提问并填写应聘建议。

### 求职者应聘意向表

| 姓名： | 性别： | 身高： | 健康状况： |
|---|---|---|---|
| 选择职业： | 文化程度： | | 毕业学校： |
| 兴趣爱好： | | | |
| 自身优势： | | | |
| 与职业相关的能力： | | | |

应聘建议书

| 应聘提问 | 建议 |
|---|---|
| 1. 你喜欢这个职业的原因? | |
| 2. 你具备哪些胜任这个职业的能力? | |
| 3. 如果这次应聘失败,你有何打算? | |

素养习得

　　为每一位求职者发放聘书。也为 HR 发放优秀面试官奖状。分别邀请一位扮演求职者及 HR 的同学分享感受。

# 13 心无旁骛
## ——专注此时此刻

维度 冷静

## 知识要点

积极投入意味着将兴趣、好奇心、专注力、决心与活力投入学习和生活中。大量研究表明，个人的积极投入度与幸福感、学习能力、学习成绩呈现正相关。积极投入度高的个体往往会对生活与学习表现出高涨的热情和浓烈的兴趣，对达成高价值的目标和实现人生的抱负拥有高度的激情，同时还怀揣着对理想的崇高追求。

## 故事分享

请学生在听故事的时候统计故事中乌鸦和乌龟两个词语分别出现的次数（不能使用任何记录方式辅助）。

### 乌鸦和乌龟

森林里有一间小小的城堡，里面住着可怕的巫婆和她的仆人——乌鸦。突然有一天，天上飘来一片片乌云，转眼间就一片漆黑，不一会儿就下起了大雨。在狂风暴雨中，巫婆听到敲门声，开门一看，原来是一只乌龟和一只乌贼。它们请求巫婆让它们进屋避雨。巫婆同意了，可是乌鸦不同意，它和乌龟是多年的宿敌。雨越下越大，大家也越吵越凶，乌贼指着乌云对巫婆说："雨这么大，乌鸦却不让我们进去，我和乌龟都会生病的，再不开门，我一定会让你的城堡变得乌烟瘴气。"最后，巫婆还是没有给他们开门。不久，雨停了，太阳出来了，乌云也散了，巫婆和乌鸦这才打开门，只见门外的乌龟已经冻得缩成了一团。

◆思考与讨论◆

这个挑战需要同时注意乌鸦和乌龟这两个词语，你在挑战的过程中有什么感觉和发现？

◆小贴士◆

注意力的特点一：人的注意力总是有限的，不可能什么东西都关注。

## 活动体验

### 读心魔术

老师在屏幕上放出 6 张不一样的扑克牌，请一位学生选择其中一张并记住，扑克牌 5 秒后消失。接着让学生看着屏幕中一个红色圆点，然后在屏幕中呈现跟之前第一轮类似但不一样的 5 张扑克牌（如数字相同但花色不同，反之亦然），然后宣称："你选中的那张牌，已经在牌组中消失了。"

果然，学生没有在 5 张牌中找到自己选的那张，魔术成功。之前没有了解过这类魔术的学生，一般会感到很神奇和惊讶。

◆思考与讨论◆

1. 为什么老师能够知道这位学生心中选择的是哪一张扑克牌？

2. 为什么很多学生不能注意到扑克牌全换了呢？这说明注意力有什么特点呢？

◆小贴士◆

注意力的特点二：同一时刻注意力只能集中在一件事情上。当把注意力放在记忆的那张牌时，会无法注意到老师把所有的牌都换了。实际上，第二轮的 5 张牌与第一轮的 6 张牌都不相同，所以学生无论选哪张牌，都无法在第二轮找到自己选的牌。

## 素养习得

### 如何更好地集中注意力

请根据注意力的特点，分小组讨论，了解在学习中调整个人的学习习惯和提高学习的效率的方法，并把你为好的方法汇总在 2 开大小的白纸上，张贴在班级文化墙壁上。

课堂讨论学习表

| 注意力的特点 | 能更好地集中注意力的方法 |
| --- | --- |
| 同一时刻只能注意一件事 | |
| 注意力具有转移性 | |
| 注意力是有限的 | |

# 14 千头万绪

## ——解惑青春

仁

## 知识要点

青春期的学生面临着生理发育和心理发育的不对等——身体发育开始成熟，心理发育还在留恋童年生活与期待成人之间，由此带来的青春期困惑千头万绪：自我认同与价值感的困惑、团体中的存在感问题、男女生之间交往的情感问题、学业成就与未来发展的问题……

青春期的每个问题都没有标准答案，本节课旨在通过引导学生直面看待青春期的困惑、寻找解惑资源等，帮助学生更好地解决青春期遇到的问题。

## 故事分享

### 小华的烦恼

小华当选班长后，尽力为班级服务，做好班主任的小助手，可是她的好朋友和其他人说她很假，以出卖班里的同学去讨好老师。她和男班长商量班里事务，班里的同学却认为他们"好上了"，小华害怕这些流言会影响她和男班长的友谊。

小华发现自己在班里想引起那几个长得特别帅气的男生的注意，有他们在的时候，自己说话好像都会大声些。

小华总认为自己黑黑的，不好看，班里也有同学说她的皮肤黑了一些，不像女孩子，可是班主任说她的眼睛大而有神，皮肤很健康。

小华的妈妈说小华没有以前那么听话了，特别爱发脾气，小华也觉得自己的脾气好像比以前火爆。

青春期的小华，究竟怎么了？

◆思考与讨论◆

你身边的同学是否有小华这样的烦恼？你最关注小华的哪一点的烦恼？

## 活动体验

### 资源在身边

以小组为单位，一名组员列出一个青春期的困惑，让同组的其他组员为这个困惑提供解决方法。

◆思考与讨论◆

1. 请部分小组分享组内认为有用的解决困惑的方法。
2. 学生发言讲述哪种方法更适合自己，身边又有哪些资源？

## 素养习得

### 青春笔记本

青春不能重来，当我们遇到各种困惑时，既要正确面对它、接纳它，又要积极寻求资源解决困惑。

请学生在作业单上写下自己的一个困惑，课后可以找同学、老师或父母一起探讨解决。

# 15 用脑卫生
## ——科学用脑

维度 智慧

## 🌱 知识要点

大脑是人体的"司令部"，是人体活动的控制中心。健康的大脑可以使人体的潜力得到更有效的发挥，可以让人拥有出众的思维能力和创造力。那么应该如何更好地保护大脑，维护大脑的健康呢？

## 📖 故事分享

### 大脑的习惯

大脑其实很"懒惰"。大脑偏爱固定的自动化处理模式，倾向于避开全新的挑战或不熟悉的事物。其原因之一是大脑想降低能耗。成年人的大脑大约重1.4公斤，只占体重的2%左右，却每天消耗人体所需能量的20%。从生物学的角度而言，生物最希望避免"消耗能量的状态"。人类的大脑也希望尽可能多地储存能量。所以大脑自动切换"希望保持静止"和"希望节约能量"的模式是一种优秀的自我保护手段。

大脑喜欢随大流。大脑像个年幼的孩子，最喜欢盲目"随大流"。"即使清楚正确的做法，但是周围人不行动，自己也不愿行动"。正是这种特点，当群体做出某种选择时，无论对错，许多人都会盲目跟从。"因为他在做，所以我也要那么做；因为大家都在做，所以我也要那么做。"

　　大脑禁不住诱惑。视觉、嗅觉、听觉等五官感觉会唤起对过去的回忆，由此产生全新的需求。例如，即使在吃饱的状态下，看到美味的食物，闻到诱人的香味，也会刺激大脑的感觉中枢，向胃传递"想吃"的信号。请想象一下，假如我们在学习的时候，看到漫画书、手机、电脑等，大脑会向我们传递什么信号？

　　（源自［日］菅原道仁著，吴梦怡译：《超级大脑的七个习惯》，北京：中国友谊出版公司，2019 年）

◆思考与讨论◆

　　请回忆你的大脑是不是真的如上文所说的那么懒惰？有没有不懒惰的时刻？那时候发生了什么？在抵制诱惑方面，你有什么成功经验？

◆小贴士◆

　　《超级大脑的七个习惯》中提出了将"不愿行动的大脑"转变为"主动行动的大脑"的多巴胺控制法。该控制法以 3 个步骤为一个周期，通过反复循环这一周期，最终转化为习惯。第一步为自我暗示，在起床后、睡觉前等放松时刻，重复 20 次大声念出"每一天，我的各方面都在不断变好"。第二步为将大目标分解为小目标。每次达成小目标，都能品味成功的喜悦，而且花费的时间也较短。第三步为促进多巴胺分泌。尽可能地享受运动、冥想、兴趣、音乐，寻找新乐趣、挑战新鲜事物。

💡 **活动体验**

### 科学护脑

根据"缓解大脑疲劳""大脑日常保健"和"大脑营养保健"三个主题，按顺序由小组代表分享调查的成果。

"缓解大脑疲劳"的调查可以从大脑疲劳形成的原因、大脑疲劳时的表现、身边的同学大脑疲劳的情况、缓解大脑疲劳的方法等方面进行。

"大脑日常保健"的调查可以从日常保健的意义、科学用脑的习惯、日常保健的方法（运动、头部按摩、健脑操等）等方面进行。

"大脑营养保健"的调查可以从大脑健康的表现、营养与大脑健康的关系、补充大脑营养的食物等方面进行。

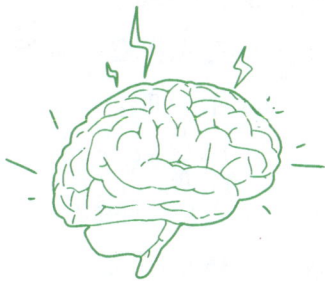

◆ **小贴士** ◆

针对学生因为学习任务重，睡眠不足，或者课间也在抓紧时间学习、做作业，不懂得劳逸结合等现象，从科学的角度说明如何做好大脑的保健。如学习 1 个小时后要休息，进行自我调整，到户外呼吸新鲜的空气，增加大脑的含氧量，等等。

📊 **素养习得**

### 健脑操

师生一起跟着做健脑操。

**第一式：喝水**

小口小口地喝温度适宜的水 30 秒。水是极佳的导电体。同时人体的三分之二（约 70%）由水构成。脑和中枢神经系统的所有电和生化反应，都取决于脑和感觉器官间由水形成的导电性能。正如雨水落在地上，频密而小量的水，最能为身体所吸收。

**第二式：脑开关**

坐立或站立，一只手轻按肚脐，另一只手深揉锁骨以下 3～5 厘米的胸骨两侧的软组织（不在骨上），约 20～30 秒后，双手位置互换，再深揉 20～30 秒。

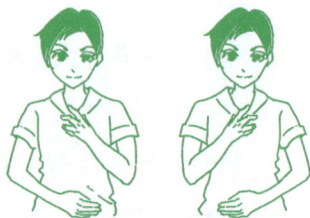

**第三式：交叉爬行**

动作说明：立正，双足距离同肩宽，弯腰，右肘轻触左膝盖，头部和胸部顺势转向左；站直后，弯腰，左肘轻触右膝盖，头部和胸部顺势转向右。如此交替动作。

**第四式：挂钩**

第一步：立正，颈背挺直，头肩水平。双臂和双腿分别交叉摆放。通常左臂左腿在前，但右臂右腿在前亦可，凭直觉任选其一即可。注意双膝微屈，手臂交叉放好后，拇指向下，掌心相对，十指互扣，旋转向内停于胸口，鼻吸口呼，呼吸越深越慢越好。最少做 8 组呼吸循环。

第二步：两腿分开与肩同宽，十指相对，虚抱成球，继续深慢呼吸约 1 分钟。

（源自［美］保罗·丹尼逊、姬尔·丹尼逊著，何兆灿、蔡慧明译：《健脑操 26 式》，南京：江苏教育出版社，2007 年）

# 有一说一
## ——坚守原则更快乐

维度  信义

## 🌱 知识要点

处于青春期的孩子 80% 的道德水平处于"天真的利己主义"和"好孩子定向阶段"。"天真的利己主义"指个体遵守规则是为了得到奖赏和满足个人的需求;"好孩子定向阶段"是指遵守所谓的"正确"是为了取悦、帮助,或者得到他人的认同,主要是根据人们的意图来判断其行为的好坏。

针对这个阶段的学生,老师可主要通过引导他们认识社会所认同的道德规范,提升他们的行为规范。

## 📖 故事分享

### 钱学森的"做人四原则"

"在他心里,国为重,家为轻;科学最重,名利最轻。5 年归国路,10 年两弹成。开创祖国航天,他是先行人,披荆斩棘,把智慧锻造成阶梯,留给后来的攀登者。他是知识的宝藏,是科学的旗帜,是中华民族知识分子的典范。"这是钱学森当选 2007 年度"感动中国"人物时的颁奖词。

钱学森是有贡献的人,也是有性格的人。他一生坚持做人四条原则:第一,不题词;第二,不为人写序;第三,不出席应景活动;第四,不接受媒体采访。

不题词，让人觉得与众不同。一个人有了一定的名望和地位，可能会有人请其题词。或者题在大门上，或者题在产品上，或者题在景点上，或者题在书报上。别看只是题几个字或几句话，其效益非常明显。其一可以借题词人之名，使被题之物得到赞许、肯定和褒扬，产生巨大的名人广告效应；其二可以使题词人高名远扬，甚至流芳百世；其三可以使双方在满足自尊心的同时，获得绝佳的经济效益。可谓两全其美，皆大欢喜。钱学森不给别人题词，很可能就是不愿意蹚这一坑浑水，以免被人指指点点。不留美名，更不留骂名，平平淡淡，才活得自然。

不为人写序，有些不近人情。出名的捷径之一，就是请名人写序。把自己杂七杂八的文章凑在一起，然后去敲名人的大门："钱老师，久闻大名，如雷贯耳。您是当今世界成就最为卓著的专家，也是我心目中最为敬仰的权威。请您百忙之中，为拙作写个序吧。您的大恩大德，我一定没齿不忘。"面对这样虔诚的求教者，怎好意思拒绝？何况人家还拎来了不菲的礼品或礼金。但钱学森不糊涂，他知道这样的"借名"者，多是拉大旗作虎皮，不想在学术研究上坐"冷板凳"，只急着要一举成名。帮他们，其实是害他们。他们的路，还是让他们自己去走吧。

不出席应景活动，肯定会得罪很多人。所谓的"应景活动"，多是想要"壮门面"的活动。现在无论是庆典还是开会，都习惯请一些要人和名人坐在台上。这样，组织者就可以在主持词中大声宣布，某某书记、某某局长、某某主任、某某专家都出席了我们的活动。组织者觉得"有面子"，与会者觉得"有档次"。钱学森请而不到，就会有两种人不高兴：一种是组织活动的人——请你是看得起你，摆什么谱啊？另一种是出席活动的领导和名人——我们来了他不来，这不是存心让我们难堪吗？但钱学森不在乎，如果三天两头出席应景活动，哪有时间搞科研？

不接受媒体采访，说明他淡泊名利。钱学森在上海交通大学读书时，一次考"水力学"，他6道题全答对了，为此老师给了他100分。但钱学森找到老师说："有一个字母，不应该简写，我简写了，必须扣掉4分。"最后，老师给他改为96分。在国防部五院时，钱学森开始任院长不久后，就给聂荣臻写信，要求改"正"为"副"，以便专心致力于科学研究和技术攻关。就这样，当了一段时间院长的钱学森，又改当副院长。20世纪90年代初，深圳有一位老板，要为钱学森立功德碑、塑半身像。钱学森听说后坚决反对："一个还活着的人，怎能最后定其功德？又怎能塑像？"中央电视台在报道钱学森逝世的消息时，用了这样一个标题："科学巨星陨落，民族脊梁永生。"钱学森被称为"科学巨星"和"民族脊梁"，不仅在于他的能力和贡献，还在于他的品德和人格。

（源自金友：《钱学森的做人四原则》，《中华活页文选（初三年级）》2010年第2期）

◆思考与讨论◆

钱学森的"做人四原则"在他的一生中起到了怎样的作用？

## 活动体验

### 我能坚守原则

学生分小组进行角色扮演，每个小组领取一个场景，排练5分钟后在全班展示。

**场景一：考试传纸条**

下课了，你和好朋友在走廊聊天。明天是数学年级测验，你的好朋友偷偷告诉你，明天的考试对他来讲很重要，他的父母答应他，如果明天的数学测验考得好，就可以给他买手机。

作为他最好的朋友，他想等明天考试的时候，让你把选择题答案写在纸条上偷偷扔给他。

你会怎么回应他？请根据这个情境进行角色扮演。

**场景二：饭堂打饭插队**

你和朋友因为下课去问老师问题，吃饭有些迟。到了饭堂后，打饭的队伍排得很长。这时候你的朋友看到了熟悉的 A 同学，A 同学排得比较靠前，她想和 A 同学站在一起，"悄悄"地插队。

这时候，你会怎么回应她？请根据这个情境进行角色扮演。

**场景三：欠交作业**

你是英语课代表，负责每天登记全班英语作业的完成情况。你的好朋友因为没有完成作业，悄悄跟你说，能不能通融一下，这次就算了，不要登记他没完成。

你会怎么回应他？请根据这个情境进行角色扮演。

◆**思考与讨论**◆

在遇到违背自己做事原则的事情时，如何可以更好地坚守原则，快乐做自己呢？

◆**小贴士**◆

在坚守原则的前提下，我们可以用明确的方式、轻柔的语调来说明理由后果及自己的能力范围，并提出建议代替的方法，来拒绝对方不正当的要求。

📊 **素养习得**

**坚守原则，我更快乐**

播放并欣赏歌曲《少年》。

请你以"坚守原则，我更快乐"为话题，发布一条"朋友圈"，与大家分享曾经经历的一次"守原则，更快乐"的事情。

原则

# 七年级

## 17 探索未知
### ——引爆创造力

维度　智慧

## 知识要点

创造，会给我们的生活带来意想不到的乐趣，同时可以让我们拓宽看待生活的角度，更多地发现生活中的美好。日常生活中，老师可以要求学生对日常完成的任务提出新的或者更有创意的解决方案。完成之后与学生讨论他们在尝试类似相关事情时的经验，结果是成功还是遭受挫折，鼓励他们保持对创意性思维的开放心态。

## 故事分享

提到列奥纳多·达·芬奇，大家首先想到的是他伟大的两幅作品《蒙娜丽莎》和《最后的晚餐》。实际上他不仅是一位出色的艺术家，还是一位出色的设计师，他绘制了旋转浮桥、降落伞、水下呼吸器、三管大炮、螺旋桨、有翼滑翔机等超时代物件的设计草图。他是怎么做到的呢？人们从他生前的笔记中发现，原来他每天都会抓住一切机会向各式各样的专业人才请教专业的问题；他还是一个实验的信徒，通过做实验验证真伪；他非常喜欢观察和思考，在临死前的笔记上还写着："我一定要搞清楚啄木鸟的舌头是什么形状的。"

◆思考与讨论◆

请你谈谈列奥纳多·达·芬奇凭借着什么设计出这么多有趣新奇的工具。你从中学到了什么？

## 活动体验

### 空瓶子挑战

老师展现空的玻璃水瓶，并向学生提问："今天这节课将用到这些空水瓶，你能猜出这节课的主题吗？"

◆小贴士◆

老师把学生的回答写在黑板上，肯定学生尝试从不同的角度分析问题，不停留在"只寻找一种答案"，从而引出本节课主题。

### 瓶子是空的吗？

你觉得这些瓶子是空的吗？有哪些依据能证明它是空的，或者不是空的呢？提问的思路可参考下图。

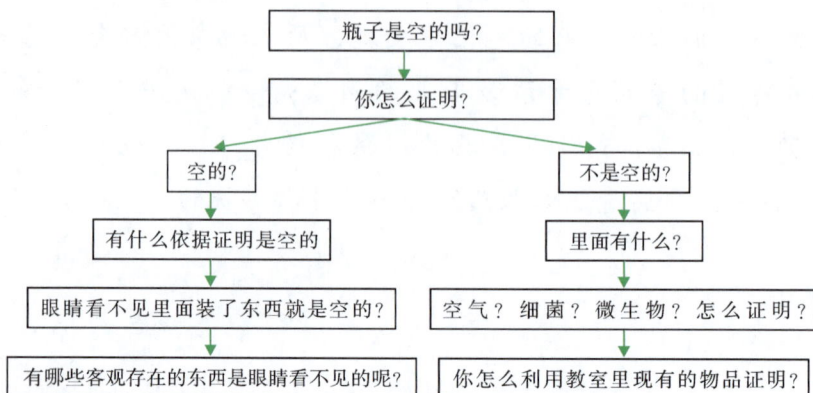

| 瓶子是空的吗？ |
| 你怎么证明？ |

| 空的？ | | 不是空的？ |
| 有什么依据证明是空的 | | 里面有什么？ |
| 眼睛看不见里面装了东西就是空的？ | | 空气？细菌？微生物？怎么证明？ |
| 有哪些客观存在的东西是眼睛看不见的呢？ | | 你怎么利用教室里现有的物品证明？ |

每个小组发一个空水瓶，每人一根吸管，借助教室里现有的东西，证明瓶子里有空气。

◆小贴士◆

如果学生没有想到对应的方法，老师可以提示：只需要借助一根吸管就可以证明瓶子里有空气。

玻璃瓶里充满了空气，往里再增加一点气体，空气就会溢出来。根据伯努利效应，气体流速越大，压强越小。吸管吹出的气流比瓶内静止空气的压强低，因此用吸管对着瓶口吹气，非但不会将吸管吹进瓶子里，反而会使吸管被玻璃瓶内的空气推出去。

## 素养习得

### 创造力是怎么养成的？

请思考这节课哪些做法帮助你找到了问题的答案？

# 18 设身处地
## ——"同理"有妙招

维度 为乐

## 🌱 知识要点

同理心是指能够对别人的经历、情绪感同身受的能力，是个体在人际关系构建中最重要的一项能力之一。培养学生的同理心能够帮助学生更好地开展构建自己的人际支持系统，同时，也能够培养学生的善良和仁慈之心。

## 📖 故事分享

漫画一：《橡皮又搞丢了！》

漫画二：《不就是一只小仓鼠吗？》

**◆思考与讨论◆**

以两人为一组进行练习，运用你过去的经验，尝试回应漫画中两位学生的情绪。

你觉得谁的回应更恰当？这样的回应对漫画中人物之间的感情有什么影响？

**◆小贴士◆**

与人相处时，假如我们听而不闻、敷衍了事，或只是有选择地听，彼此之间就无法关怀、理解，很容易造成误会，甚至相互不信任，影响了人际关系的融洽。简单来说，"同理"就是将心比心，同样的时间、地点、事件，把当事人换成自己，设身处地去感受、去理解他人，这样才能做到同理沟通。同理心并不是天生的，是可以后天培养的。

## 💡 活动体验

### 共情小妙招

现实生活中，我们回应他人的情绪时还可以更进一步细化，具体可分为："感受＋内容＋需要"。

**回应举例：**

（感受）你很＿＿＿＿＿＿＿＿＿＿＿＿＿＿＿＿＿＿＿＿＿＿＿＿，

（内容）因为＿＿＿＿＿＿＿＿＿＿＿＿＿＿＿＿＿＿＿＿＿＿＿＿，

（需要）你希望＿＿＿＿＿＿＿＿＿＿＿＿＿＿＿＿＿＿＿＿＿＿。

**情景实训：**

两人为一组，运用刚刚学到的"感受＋内容＋需要"的回应方法，来回应以下两位同学的倾诉。

小张：好友没有经过我的同意，擅自登录了我的 QQ 账号，还冒充我给其他人发信息，他怎么可以这样？

小可：感觉好友最近冷落我了，对我都不怎么理睬，但他常对其他同学有说有笑的。

---

◆小贴士◆

我们在看问题的时候，往往从自己的角度出发，很少站在他人的角度去观察、去思考。彼此角度不同，理解可能就会不一样。这就需要我们做到同理沟通。

---

## 📊 素养习得

同理心，让心与心产生联结；同理心，是和他人沟通协作、建立信任的基础。希望你成为一个有同理心的人，并能在他人情绪低落或激动的时候，正确表达同理心，成为一个受欢迎的人。

# 1

# 高瞻远瞩
## ——当希望照进现实

维度　文雅

## 🌱 知识要点

哈佛大学针对一批智力、学历、环境等客观条件相近的年轻人做过一项人生跟踪调查，其中27%的人缺乏生活目标，60%的人生活目标模糊，10%的人有理想抱负且制订了短期规划，只有3%的人制订了清晰的长期规划。25年过去了，这批调查对象的职业和生活状况发生了翻天覆地的变化，这3%拥有明确长远规划的年轻人几乎都不曾更改人生目标，并且为实现目标做着不懈努力，后来他们几乎都成了社会精英人士。

## 📖 故事分享

### 五年后你最希望看到自己在做什么

凡内芮知道我对音乐的执着。然而，面对遥远的音乐界，我们一点进入的渠道都没有。此时，我俩哪知道下一步该如何走。突然间，她冒出了一句话："想象一下五年后你在做什么？"

我愣了一下。她转过身来对我说："嘿！告诉我，你心目中最希望五年后的你在做什么，你那个时候的生活是什么样子？"我还来不及回答，她又抢着说："别急，你先仔细想想，完全想好，确定后再说出来。"

我沉思了几分钟，开始告诉她："第一，五年后我希望能有一张很受欢迎的唱片在市场上发行，可以得到许多人的肯定。第二，我要住在一个有很多很多音乐的地方，能天天与一些世界一流的乐师一起工作。"

凡内芮说："你确定了吗？"

我慢慢地回答："是的！"

凡内芮接着说："好，既然你确定了，我们就把这个目标倒算回来。如果第五年，你要有一张唱片在市场上发行，那么你的第四年一定是要跟一家唱片公司签约。

那么你的第三年一定是要有一个完整的作品，可以拿给很多的唱片公司听，对不对？

那么你的第二年，一定要有很棒的作品并开始录音了。

那么你的第一年，就一定要把你所有要准备录音的作品全部编曲排练准备好。

那么你的第六个月，就是要把那些没有完成的作品修饰好，然后让你自己可以逐一筛选。

那么你的第一个月，就是要把目前这几首曲子完成。

那么你的第一个星期，就是要先列出一个清单，排出哪些曲子需要修改，哪些需要完成。

好了，我们现在不就知道你下个星期一要做什么了吗？"凡内芮笑着说。

"噢，对了。你还说你五年后，要生活在一个有很多音乐的地方，然后与许多一流乐师一起创作，对吗？"她急忙地补充说，"如果你的第五年已经在与这些人一起工作，那么你的第四年照理应该有一个自己的工作室或录音室。那么你的第三年，可能是先跟这个圈子里的人在一起工作。那么你的第二年，应该不是住在德克萨斯州，而是已经住在纽约或者洛杉矶了。"

次年，我辞掉了令许多人羡慕的太空总署的工作，离开了休斯敦，搬到洛杉矶。说也奇怪，不敢说是恰好五年，但大约是在第六年，即1983年，我的唱片开始在亚洲畅销起来，我一天24小时几乎全都忙着与一些顶尖的音乐高手一起工作。

（源自俞国良主编：《心理健康·高中三年级·下》北京：北京师范大学出版社，2013年）

◆ 思考与讨论 ◆

订立"三年规划"，请你用画圈的方式写出未来三年你的目标计划。

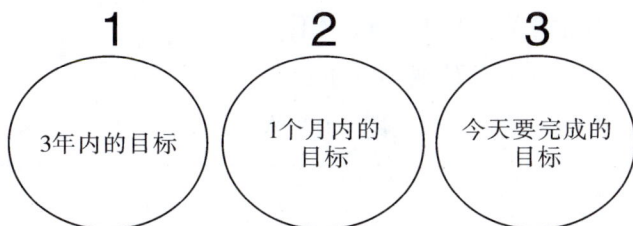

**1**
（3年内的目标）

**2**
（1个月内的目标）

**3**
（今天要完成的目标）

## 活动体验

### 当希望照进现实

请你对照 SMART 原则图修改刚刚写出的三年规划。标出接下来可以做到的一小步，请在今天完成这个小目标。

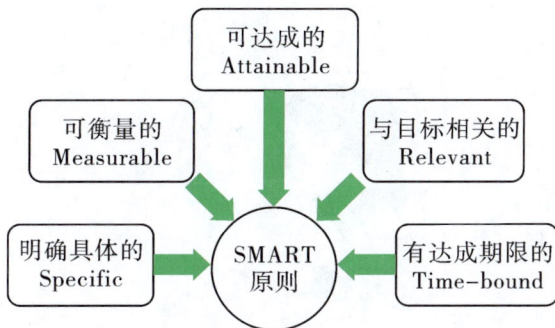

可达成的
Attainable

可衡量的
Measurable

与目标相关的
Relevant

明确具体的
Specific

SMART
原则

有达成期限的
Time-bound

**SMART 原则图**

**SMART 原则表**

| SMART 原则 | 请把"我要减肥"这个愿望修改为目标 | 请把"数学成绩提高"这个愿望修改为目标 |
|---|---|---|
| 明确具体的 | 我要减重 5 公斤，腰围减少 2 厘米 | |
| 可达成的 | 我要减重 5 公斤，腰围减少 2 厘米 | |
| 有达成期限的 | 在 6 个月之内 | |
| 与目标相关的 | 通过运动，营养饮食 | |
| 可衡量的 | 不喝奶茶，晚上 8 点后不再进食；每天跳绳 500 下；每周慢跑 3 次，每次跑 2 000 米 | |

📊 素养习得

### 给未来的自己一封信

欣赏歌曲《最初的梦想》。

伴着歌声，带着希望，脚踏实地给未来毕业时的自己写一封短信，感谢自己一路走来，以梦为马，不负韶华。

仁

# 2 积极投入
## ——凝聚阳光，创造火焰

维度 为乐

## 🌱 知识要点

根据研究，学习的目标越具体、越小，如有危机感或紧迫感时（考试），合作学习，与同学讨论，参与交流和互动以及精神状态特别好等时刻，学习投入度会更高。

## 📖 故事分享

### 将能量聚焦在一个点上

一个年轻的山民向一位德高望重的老法师请求成功之道。法师拿出一张纸，指着天上的太阳说道："如果你能够告诉我如何让太阳点燃这张纸，我便可以告诉你成功之道。"

山民沉思了一会儿说道："太阳的光即使再强再热，也不会点燃地球上的物质，如果用普通的方法是不能够让太阳点燃这张纸的，只有特殊的方法才可以。"

法师说："那么，你想用什么样的特殊方法呢？"

山民说道："如果用一块放大镜，将太阳光聚集在一个点上，就能将这张纸点燃。"

法师笑了笑说："这就是成功之道。"

山民非常困惑："大师，我还是不懂你所说的话。"

法师说："你知道吗？即使太阳再强再热，也点燃不了地球上的物质，只有使阳光聚集在一个点上，才能点燃。"

正如美国杰出的科学家、发明家、工程师以及创新者亚历山大·格拉汉姆·贝尔所说："全神贯注于你手头的工作，就像太阳光线只有聚焦到一个点才会燃烧。这种能量我无法描述，我只知道它是存在的，而且只有当一个人处在那种精神状态，清楚地知道他想要什么，并且直到他找到它之前完全有决心不放弃的时候，它才有效。"

（源自吴礼鑫：《农夫与法师（外一则)》，《思维与智慧》2014 年第 4 期）

◆ **思考与讨论** ◆

　　这个故事给你什么感受和收获呢？

◆ **小贴士** ◆

　　全身心地专注于你要做的事情，才能更快地实现你所期望的成功。投入能力根据个人情况不同都有差异，但这种能力不是天生的，是完全可以通过训练和个人努力实现的，每个人都有机会品尝到成功的喜悦。

**活动体验**

### 投入式学习

邀请各位同学在冥想中重温投入式学习的情境，发现投入式学习的方法。

冥想指导语：随着音乐声起，请你选择舒适的坐姿做好，挺直腰背，双手自然放到两腿上。微微闭上眼睛，下颚微收，舌尖轻抵上颚，开始深呼吸。请你把注意力放在呼吸上，吸气时腹部微微隆起，呼气时腹部向内凹陷，深呼吸五次，然后调整为自然呼吸，呼吸慢慢变得轻松起来。下面请你在记忆中搜索那些让你专心致志、酣畅淋漓、忘记时间流逝的时光，那段时光至今回忆来让你感到那么充实而有意义。请回忆那段时光里你的样子、神态、情绪，尽量回忆得详细一点。你是如何做到的呢？请你仔细地回忆……随着音乐声的结束，请你转动一下眼珠，缓缓睁开双眼，转动一下脖子，活动一下颈椎，耸一耸肩膀，活动一下双腿，让注意力回到当下来。

◆思考与讨论◆

1. 冥想中你回忆起的高度投入的时刻是什么时候？你当时的感觉是怎样的？

2. 除了这一次外，还有哪些情境让你有类似的投入度和状态呢？你是怎么做到的？当时发生了什么？

3. 在未来的学习中，哪些条件是可以通过自己主动创造，使得自己更容易进入投入式学习的状态呢？

素养习得

### 我的投入小妙招

根据本节课的内容，你可以根据自身的学习风格列出积极投入的小妙招，整理出你的积极投入锦囊。

# 健脑有方
## ——打造最强大脑

维度　为乐

## 🌱 知识要点

无论是学习、生活、社交，都建立在我们有一个健康的大脑的基础上。日常生活中，我们经常会提到身体健康、注意卫生，却忽略了用脑健康。要想打造一个强大的大脑，我们需要遵循"避免伤害、合理滋养、充分挑战"三个法则。

这节课主要是引导学生树立用脑健康的意识，养成保护大脑、规律生活的习惯。

## 📖 故事分享

### 大脑与睡眠

睡眠是人体的一种修复过程，可以恢复精神和解除疲劳。人的一生中，大约三分之一的时间是在睡眠中度过的，良好的睡眠是国际社会公认的三项健康标准之一，而睡眠时间过短或睡眠不佳均会影响健康。

在中国，有超过 3 亿人存在睡眠障碍，成年人失眠发生率高达38.2%，有90%以上小学生睡眠时长未达标，而且这些数据还在逐年上升。

近年来，高质量的睡眠对不少人来说似乎成了奢侈，更令人担忧的是，睡眠问题已经不再是成年人特有的烦恼。

2021 年 10 月，美国哈佛医学院、波士顿儿童医院的研究人员发表了一篇题为《较短时间与较低质量的睡眠对青少年功能性大脑网络的发育有广泛的不利影响》（*Shorter Duration and Lower Quality Sleep Have Widespread Detrimental Effects on Developing Functional Brain Networks in Early Adolescence*）的研究论文。该论文称，睡眠不足对发育中的青少年大脑绝对是毁灭性的伤害，并可能导致日后的记忆、注意力和情绪问题。

在研究中，研究人员分析了来自青少年大脑认知发展（Adolescent Brain Cognitive Development，ABCD）研究的近 12 000 名青少年的睡眠和大脑成像数据。所有参与者的父母都回答了关于孩子的广泛睡眠调查。调查问题包括入睡困难、经常醒来、重新入睡困难、醒来困难、打鼾、呼吸问题和噩梦。

此外，研究人员通过功能性磁共振成像（fMRI）收集了每个青少年静息时的大脑数据。从这些数据中，研究人员检查了相关的大脑区域，确定了多个在认知功能中发挥重要作用的大脑网络。

研究分析表明，较短的睡眠时间、较长的睡眠潜伏期、频繁醒来和睡眠呼吸紊乱，与低灵活性和弹性较低的大脑网络有关。

研究人员还观察到大脑特定部位，如多个皮质区域、丘脑、基底神经节、海马体和小脑的异常变化。睡眠不足对青少年大脑的负面影响是广泛的，也对睡眠质量产生了负面影响。

研究人员表示，大脑网络异常可能会导致多种认知过程的缺陷，包括注意力、奖励机制、情绪调节、记忆以及计划、协调和控制行动和行为的能力。

不仅如此，该研究还有其他发现，如较高的家庭收入与较长的睡眠时间显著相关；电子屏幕使用时间越长，睡眠时间越短；肥胖与睡眠时间缩短、夜间活动增多、出汗、打鼾、难以醒来和白天嗜睡有关。

总之，高质量睡眠的好处是众所周知的，高质量睡眠是每个人生活中的头等大事。在这个电子产品时代，减少使用电子设备可以帮助你实现更好的睡眠。经常锻炼，避免饮酒和过量摄入咖啡因对改善睡眠质量也至关重要。

那么最佳睡眠量是多少？美国国家睡眠基金会（National Sleep Foundation，NSF）的给出了如下睡眠时间建议：

新生儿（0~3个月）：14~17小时；

婴儿（4~11个月）：12~15小时；

幼儿（1~2岁）：11~14小时；

学龄前儿童（3~5岁）：10~13小时；

学龄儿童（6~13岁）：9~11小时；

青少年（14~17岁）：8~10小时；

年轻人（18~25岁）：7~9小时；

成人（26~64岁）：7~9小时；

老年人（65岁及以上）：7~8小时。

（源自 Skylar J Brooks，Eliot S Katz，Catherine Stamoulis，Shorter Duration and Lower Quality Sleep Have Widespread Detrimental Effects on Developing Functional Brain Networks in Early Adolescence，*Cerebral Cortex Communications*，Volume 3，Issue 1，2022）

◆思考与讨论◆

根据上文，你是否了解睡眠对大脑的影响？你的睡眠时间是否健康？若不够健康，你打算如何调整？

## 活动体验

### 角色扮演：不堪重负的大脑

我是一个生活在21世纪的大脑。虽然人类是我的主人，但是我依然无法理解人类的一些观念。

为什么人类每天吐槽自己工作或学习十几个小时很辛苦，却觉得我可以 24 小时无休。甚至有的人睡觉前会把书本放在枕头下，希望睡觉的时候知识能够自动进入我体内。

人类知道自己每天需要吃饭才能有能量应付一天的学习和工作，但给我的经常是压力和消极情绪，久而久之，我没有足够的能量去思考、创造，人类却觉得我"生锈"了。

人类生病了，知道要去医院看病，调理身体。而我生病了，人类会觉得是我"矫情"，或者是我懒，不愿意工作。

人类会抱怨社会竞争激烈、工作压力大、学习压力大，却不会想到，我——一个可怜的器官，已经为人类全年无休地工作多年，不仅要学习，还要产出和创造。如果有一天，我能够站在人类面前，我一定会很严肃地对人类说……

◆ 思考与讨论 ◆

1. 如果你是一个不堪重负的大脑，你会对人类说什么呢？

2. 当你听了大脑的话之后，你觉得你需要做什么来保证大脑的健康呢？

## 素养习得

### 健康大脑我有招

你还有什么方法可以让大脑保持健康，从而让学习和工作事半功倍呢？

# 4 运动快乐
## ——运动、健康、快乐

维度　勇敢

## 知识要点

运动能够调节人体的各种激素，使人达到最佳状态，使身体充满能量和活力。长期不运动的人则更容易滋生焦虑、抑郁、消沉、低落等各种不良情绪，并且压力产生的毒素会破坏大脑中几十亿个神经细胞之间的连接，逐渐使大脑的部分区域萎缩。这表明，一个长期缺乏运动的人可能会变"笨"。

另外，运动能够使大脑长出更多的新的神经元，这意味着运动可以在物理上让人变得更"聪明"。因为遗传基因的影响，大脑起始水平必然有差异，比如在相同的脑区，有的人神经细胞多，有的人神经细胞少，因此，不同的人在语言、图形、音律等方面体现出明显的天赋差异。但凭借后天的学习和发育，这些生理差异逐渐缩小，人与人之间的差异更多地体现在努力程度上。

## 故事分享

### 运动的效果

2019年秋，李老师因颈椎问题导致头晕。她每天走起路来就像踩在棉花上一样，脚底软绵绵的。看见运动的物体，就觉得自己像坐在船上一样，非常辛苦。无论是看中医还是看西医，这种晕乎乎的感觉始终挥之不去。她甚至连最害怕的针灸都试过了，但满头满脸的钢针还是无法缓解头晕的痛苦。

直到有一天，李老师尝试在操场慢跑了两圈，当时并没有缓解头晕的症状，但是第二天早晨奇迹发生了，李老师竟然不头晕了，折磨了她两个月之久的头晕竟然消失了。李老师仔细想到底是什么帮到了她，是药物？还是针灸？第二天李老师没有坚持慢跑，到了第三天又开始头晕。她终于明白了，原来是慢跑让她的头晕得到了缓解，慢跑就像给大脑充氧，可惜其功效只能够缓解一天的头晕。于是从那时开始，李老师坚持每周慢跑3次，每次跑3~5千米，坚持半年后，李老师真的不再犯头晕了！

除了治好了头晕，李老师还收获了运动带来的快乐和自信，工作也更有活力了。除非自己真的去体验，否则那种运动后的轻盈、舒畅的感觉，又怎能用文字传递呢？

◆思考与讨论◆

你在生活中是否也有因为运动让自己的状态变好的经历呢？

## 💡 活动体验

### 疯狂猜运动

请同学们猜一猜以下谜语，举手抢答。

谜面：

1. 跑的一线风，追的死命冲，辛苦抢到手，急忙往外扔。
2. 双手赞成。
3. 跃进跃进再跃进。
4. 一匹马儿傻，不走不趴下。你若来骑乘，把你当猴耍。

**谜底**

| 1. 篮球 | 2. 举重 |
|---|---|
| | |
| 3. 三级跳远 | 4. 鞍马 |
| | |

## 📊 素养习得

### 运动习惯

"生命在于运动，运动贵在坚持。"养成一种习惯需要21天，用微习惯养成法，让运动为我们的生命添光加彩。

微习惯，分解运动目标，从每天只做1个俯卧撑，每天只跳1分钟跳绳开始，养成我们的运动好习惯。

请你在周记本上给自己制订一个运动微习惯计划。

从今天开始，打卡你的微习惯。小组组长负责收集本组同学的微习惯打卡表并登记在班级大打卡表中。参考范例如下：

**运动微习惯打卡表**

| 学号 | 姓名 | 1 | 2 | 3 | 4 | 5 | 6 | 7 | 8 | 9 | 10 | 11 | 12 | 13 | 14 | 15 | …… |
|---|---|---|---|---|---|---|---|---|---|---|---|---|---|---|---|---|---|
| 1 | 小明 | √ | | | | | | | | | | | | | | | |

# 5

## 克己复礼
### ——控制冲动

维度　文雅

## 🌱 知识要点

青春期的学生身体发育快，情绪容易冲动，这个阶段需要引导他们认识冲动，学会控制自己的冲动，建立自我管理的意识。

## 📖 故事分享

2019 年的 2 月，江苏南京新闻报道，10 岁男孩童童哭着报警，被爸妈"混合双打"，不敢回家。原来，童童没有认真做寒假作业，随意应付了事，爸妈劝说几次无用，一气之下，对他劈头盖脸一顿打。童童伤心气愤之下离家出走并且报警。警察在派出所为双方进行调解。

◆ **思考与讨论** ◆

文中双方冲动的行为分别是什么？会带给他们什么影响？

## 💡 活动体验

### 控制住冲动

两位同学为一组进行练习，一人扮演学生，另一人扮演家长。学生分别用控制不住冲动和有意识地控制自己的冲动情绪的方式，围绕以下情景，与家长对话，体验两次对话的不同。

情景：家长把学生明天要穿的礼服和褪色的衣服放在一起洗，导致礼服染色，学生很生气，他会如何向家长表达自己的不满并解决问题？

**情绪冲动与冷静时的区别**

| 表现 | 冲动时 | 冷静时 |
|------|--------|--------|
| 呼吸 | 快、急、大口喘气 | 呼吸平静、稍缓慢 |
| 语速 | 快 | 中等语速 |
| 语调 | 高、尖锐 | 正常音量 |
| 用词 | 一味指责，可能伤害对方 | 陈述事实，寻求解决办法 |

请两组同学进行表演，扮演者说出前后两次的感受。老师引导学生思考和体验控制冲动的积极感受。

学生补充自己用过的方法并现场示范。老师再补充。

**即时控制住冲动的方法**

| 名称 | 具体内容 |
|------|---------|
| 皮筋警示法 | 手上绑根皮筋，在内心怒火翻滚之时，让皮筋反弹的疼痛提醒自己"冲动是魔鬼" |
| 数颜色法 | 环顾四周的景物，然后在心中自言自语：那是一面白色的墙壁；那是一张浅黄色的桌子；那是一把深色的椅子；那是一个绿色的文件柜……一直数到十二种颜色 |
| 离开法 | 告诉父母，自己需要冷静，离开现场，或者进入房间控制情绪 |
| 自我暗示法 | 给自己输送积极信号"这不是最坏的结果，我可以处理的"，以此来调整心态，改变自己的情绪 |

### 📊 素养习得

#### 记住控制住冲动的感觉

重视情绪调节，经常练习技巧并在实际生活中运用技巧控制住冲动。

（1）用彩笔表示自己情绪变化后的心情颜色，记住这种感觉。

（2）老师总结，控制住冲动对人的影响。

（3）播放音乐《当你老了》，回忆与父母在一起的快乐时光，增强控制住冲动的信心。

# 6 肺腑之言
## ——真诚与勇气

维度 勇敢

## 🌱 知识要点

人际交往中的沟通有很多技巧可以学习，但真诚才是沟通的核心，因此在学习沟通技巧的基础上，需要引导学生认识到真诚的重要性，把握住人际交往中的核心。

## 📖 故事分享

### 明山宾卖牛

南北朝时，有个贫寒的读书人叫明山宾。

一年春天，家里穷得揭不开锅了，明山宾只好把牛牵到集市上去卖。因为自家的牛不如其他的牛肥壮，等了半天也无人问津。一直到午后才来了个买主，那人看这牛的骨架还可以，又见明山宾要价不高，就把牛牵走了。明山宾在回家的路上想起这头牛曾经得过"漏蹄病"，现在虽然治好了，如果使用不当，病可能还会复发。于是明山宾急忙跑回去，找到了买主，向他说明了情况，并教给买主正确的使用和饲养方法。买主一听，却要明山宾退一部分钱，不然就不买这头牛了。明山宾没有争执，退给他一部分钱，然后转身走了。知道这件事的人，纷纷赞扬明山宾为人真诚，都愿意和他交朋友。

（源自迁夫子：《从"明山宾卖牛"说起》，《杂文月刊》2015 年第 2 期）

◆思考与讨论◆

明山宾已经将牛卖出去了，还追上去把牛曾患病的事告诉买主，他这样做是否很傻？如果他不把牛曾患病的情况告诉买主，事情会如何发展？这个故事对你有何启发？

## 活动体验

### 真诚面面观

请你在课前做一个小调查，并将调查结果提交给老师，由老师在课上分享调查结果。

小调查：你与同学、家人、老师的沟通方式是——

（1）憋在心里就是不说；

（2）尽量容忍，忍无可忍骤然爆发；

（3）平心静气，倾听为主；

（4）心口不一；

（5）永远为别人着想，忽略自己的感受；

（6）幽默沟通，表达自如；

（7）其他：_____

◆思考与讨论◆

对于本次调查活动以及最终的调查结果，你有什么感想呢？

### 辨一辨

**案例一：**

班会课上，小军演唱了一首歌，虽然他唱得很投入，但有些地方明显跑了调。课上，同学们都报以热烈的掌声。课后，小华对小军说：

"你唱得太棒了，简直比原唱还好听。"

**案例二：**

小宇学习很优秀，他的同桌小伟学习成绩不太好。有一次，小伟向他请教一道数学题，小宇不屑地说："这么简单的题都不会，你可真够笨的！"

◆**思考与讨论**◆

你觉得小华和小宇的做法对不对？为什么？

◆**小贴士**◆

与人交往，需要彼此敞开心扉，真诚沟通。真诚应该是实事求是，适时适度的。真诚不是直接说实话、不加掩饰地去指明别人的缺点，也不是说些不分场合的语言，更不是自我发泄。

## 真诚连接

假如遇到以下情景，你会如何处理？

**情景一：**

小陈在家认真做作业时，弟弟在旁边跑来跑去，小陈觉得大受干扰，于是训斥道："别吵了！烦死了！"可弟弟并不理会，继续跑来跑去，而小陈的爸爸妈妈也护着弟弟。

如果你是小陈，你会＿＿＿＿＿＿＿＿＿＿＿＿＿＿＿＿＿＿＿。

**情景二：**

某天，班上的同学都去上体育课，小敏由于身体不适，独自一人留在教室。同学们回来后，突然有人说自己的几十块钱不见了，几个人都一齐盯着小敏看。

如果你是小敏，你会＿＿＿＿＿＿＿＿＿＿＿＿＿＿＿＿＿＿＿。

**情景三：**

小李的作业书写很马虎，老师单独将他叫来，希望他能重新将作业写好。小李撅起嘴，闷闷不乐，后来还撕掉了作业纸。他也因此对这门课产生了抵触情绪，上课状态大不如从前。

如果你是小李，你会＿＿＿＿＿＿＿＿＿＿＿＿＿＿＿＿＿＿。

**情景四：**

同学向小周诉说："我这个人什么都太差了，长相一般，学习又不好，也没有什么朋友。我很讨厌自己，我一点用也没有，一无是处。"

如果你是小周，你会＿＿＿＿＿＿＿＿＿＿＿＿＿＿＿＿＿＿。

学生分小组进行角色扮演并讨论扮演心得。

◆**小贴士**◆

人与人的交往需要沟通，沟通需要真诚，而真诚的前提是慢慢说，有话好好说。与家人、同学、老师等交往，我们都应本着真诚的态度，心平气和地进行沟通。

📊 **素养习得**

### 赞美卡

请你闭上眼睛，静静地想一想，在生活和学习中，在这个班级里，你佩服谁？最想赞美谁？拿出手中的"赞美卡"，把你要赞美的人和话写在上面（可根据同学的品德、能力、外表等方面进行赞美），并亲手把你制作的"赞美卡"送给你赞美的同学。

# 7 激扬青春
## ——青春多棱镜

仁

维度 悦己

## 知识要点

进入青春期的学生因生理上的急剧变化引起了心理上的一系列微妙而复杂的反应，如对异性间的相互交往、吸引感到愉悦又困惑。在心理上，一部分处于青春期的学生的注意力逐渐从外部世界转向自己的内心，发现了一个新奇、纷繁复杂的"世界"，他们为这种"成熟"而感到兴奋和焦急，渴望了解这个世界，却又陷入空幻的冥想和自我反省之中。这一时期的学生开始关心的人生命题是："我为什么学习？我将来要成为什么样的人？"

本节课中，老师将继续引导学生分析青春期的变化所带来的困惑，并帮助其寻找解决方法。

## 故事分享

升入初中后，小林突然觉得自己有了很大的变化：不想跟爸妈说话，觉得他们很唠叨，回到家就想一个人待在房间；情绪有点躁，动不动就想发脾气；开始注意自己的形象，出门也会照照镜子，很在意别人对自己的眼光；喜欢跟同学在一起，有时还会捉弄别人。

◆思考与讨论◆

请从心理、生理、社会三个角度分析一下小林上初中后有哪些变化？这是青春期独有的吗？如何面对这些变化带来的影响？

## 活动体验

### 找不同

请每个学生提前带上一张自己小学的照片及初中的近照，与同桌交换各自的照片，在两张照片上找不同，并填写以下表格。

**根据照片找不同**

| 类型 | 小学时期 | 中学时期 |
| --- | --- | --- |
| 外貌 | | |
| 体型 | | |
| 笑容 | | |
| 自控力 | | |
| 对照片的感受 | | |

### 解惑青春

青春期的突然而至让大部分学生措手不及，应帮助学生建立青春互爱意识，让他们彼此尊重，相互爱护成长。

请各组抽出不同的青春期疑难问题，并写在 A3 纸正中间的位置。每位成员在问题周围写下自己的建议或方法。

**青春期疑难问题**

| 1. 我学习经常拖延 | 2. 我想成为受欢迎的学生 | 3. 我觉得自己一无是处 |
|---|---|---|
| 4. 我不想被父母控制 | 5. 我妈只关心我的成绩 | 6. 我害怕失败与困难 |
| 7. 我身体发育了，我却感到羞耻 | 8. 我想当学生干部，但又怕影响学习 | 9. 我追星了，担心自己会沉迷 |

写完后，该组学生派代表拿着那张 A3 纸走到第二组，让这一组的同学根据问题继续写出建议或方法。每组用 2 分钟书写，时间到就让该组的学生拿着 A3 纸继续到下一组完成任务，直到最后一组写完，将 A3 纸交还给老师。

游戏结束后，每组成员在纸上都能找到由全班同学想出的解决方法，每组派代表陈述本组收集的解决问题的最佳方法。

### 📊 素养习得

青春期是快乐的、精力充沛的，青春期也会遇到很多的磨炼与困苦。同龄人的互助互爱、相互接纳是完成这场"游戏"的关键。因此更应该珍惜当下，珍惜友谊。（播放歌曲《青春》）

所有的结局都已写好

所有的泪水也都已启程

却忽然忘了是怎么样的一个开始

在那个古老的不再回来的夏日

无论我如何地去追索

年轻的你只如云影掠过

而你微笑的面容极浅极淡

逐渐隐没在日落后的群岚

遂翻开那发黄的扉页

命运将它装订得极为拙劣

含着泪，我一读再读

却不得不承认

青春是一本太仓促的书

（席慕蓉《青春》）

八年级

**8**

# 健康"网游"
## ——科学用网

维度　文雅

## 知识要点

　　网络是当代学生在生活中无法避开的话题，相对于现实生活，网络生活具有便利性、趣味性、丰富性的特征，当学生的某些心理需求在现实生活中无法获得满足的时候，会倾向于在网络世界获取满足。

　　针对本节课程主题，老师可先从当下网络上具有热度的话题或网络流行词引入，活跃课堂气氛，导出主题"我会合理使用网络"。

## 故事分享

### 我国未成年人网络使用情况

　　来自共青团中央维护青少年权益部、中国互联网络信息中心（CNNIC）的《2020年全国未成年人互联网使用情况研究报告》显示：

　　我国未成年网民规模达1.83亿人，未成年人的互联网普及率达到94.9%，明显高于同期全国人口的互联网普及率（70.4%）。

　　从各学历段情况看，小学、初中、高中和中职学生互联网普及率分别达到92.1%、98.1%、98.3%和98.7%；从城乡分布看，城镇未成年人互联网普及率为95.0%，农村未成年人互联网普及率为94.7%。

　　初中生使用互联网已非常普遍，在网海"畅游"的过程中，你有哪些使用心得呢？

## 活动体验

### "网海"思维导图

　　以小组为单位，讨论并绘制一份"网络是把双刃剑，我会合理使用网络"的思维导图。

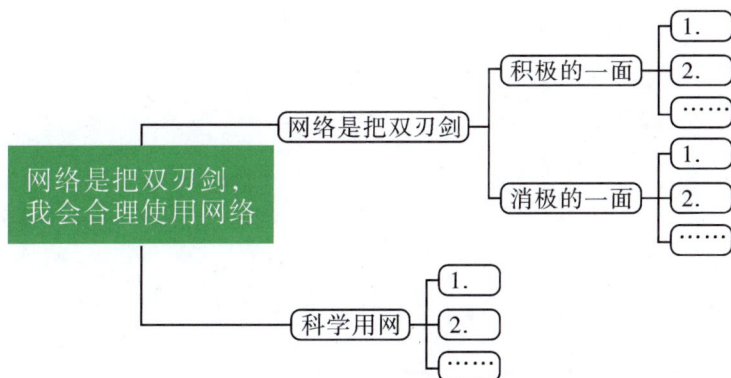

　　小组完成思维导图后，邀请各组成员分享关于网络使用的思考。

　　网络是把双刃剑，我们在"网海"畅游获取知识的同时，更要学会科学适度的"健康游"。网络是把双刃剑的关键词包括获取信息、便捷、信息共享、信息爆炸、网络成瘾、网络暴力等。科学用网的关键词包括规定合理使用时间、传播正能量、去伪存真、不信谣不传谣等。

## 素养习得

### 网络微公益

公益可以很好玩，公益也可以渗透在生活场景中。网络微公益带来的不只是捐款数额的不断攀升，还有全民公益参与方式的多元化，更让公益成为一种社交方式和生活方式。

请你在本周末践行一种网络微公益并记录在本周的周记本中，下周的班会课上，与大家一起分享你参与的"网络微公益"。

仁

# 9 补偏救弊
## ——弱点管理

维度　为乐

## 🌱 知识要点

　　积极的自我认知不等同于只认识自己的优势、擅长的一面，认为自己无所不能；而是客观地认识自己的优势和劣势，在充分发挥优势的基础上，让自己变得更好。

## 📖 故事分享

### 米尔顿·埃里克森博士的故事

　　著名的精神病学家米尔顿·埃里克森博士的生活从一开始就充满挑战。孩提时，他患有诵读困难症和色盲。他在 17 岁的时候感染了小儿麻痹症，后来他回忆，当他躺在床上的时候，他听到三个医生在另一个房间告诉他的母亲，他明天早上就会死。但他坚信他是不会死的……

　　然而，埃里克森卧床不起，完全瘫痪，说不出话来。由于只能转动眼球、听到声音，他成为一个敏锐的观察者，观察周围的人和环境。他强烈地意识到人与人之间非言语交流的重要性，如肢体语言、语调，以及非言语表达与言语表达相矛盾的方式。他了解到，他的姐妹们可以在表示"是"的时候说"不"，反之亦然。

　　他仔细观察了一个小妹妹是如何开始学步的，他知道，他也必须像她一样，学会站起来，重新走路。他能回忆起以前他的肌肉是如何站立和行走的。慢慢地，他把注意力集中在这些"身体记忆"上，开始恢复说话和手臂的动作。他再一次利用他的能力，用他手臂中不断增长的力量进行了一次独自的、路程超过 1 600 公里的独木舟之旅。到最后，他又能用拐杖走路了。

埃里克森没有足够的体力跟随父亲的脚步成为一名农民，而是投身于学习，成为一名医科学生。他对精神病学很感兴趣，获得了心理学博士学位，继而成为世界上最著名的精神病学家之一。

在埃里克森 50 多岁的时候，小儿麻痹症后遗症导致了严重的疼痛、肌肉无力和瘫痪，他只能坐在轮椅上。从他自己的疼痛经历中，他了解到关于疼痛和疼痛管理的重要知识，并与病人和学生分享。事实上，他的学生们从世界各地蜂拥而来，坐在这位专业大师的面前，学习他的智慧。

米尔顿·埃里克森于 1980 年 3 月去世，享年 78 岁，他为心理学、精神病学、心理治疗和催眠治疗等领域留下了不朽的遗产。

### ◆思考与讨论◆

米尔顿·埃里克森博士有什么弱点？他是怎么去改善这个弱点的？你从他的身上受到什么启发？

### ◆小贴士◆

人无完人，每一个人都有弱点。但即使是所谓的天生的弱点，也有改进的空间。很多时候，限制住我们的并不是弱点本身，而是我们对弱点俯首称臣的习惯性懦弱。管理自己的弱点，从正视自己的弱点开始。只有敢正视自己的弱点与不足，积极改正，才能进步提高。

💡 **活动体验**

## 弱点管理的正确打开方式

1. 自揭其短：想一想你有哪些弱点，把它们写在下面的表格里，然后与组内同学分享。

2. 旁观者清：在班上找到你的好朋友，让他帮你寻找你没有发现的弱点，并写在表格中。

3. 调整弱点计划：针对你的弱点，写下改善弱点的具体办法，然后请组内同学看看这些方法是否可行，再帮你出谋划策。

**弱点管理表**

| 我的弱点 | 自揭其短 | | |
|---|---|---|---|
| | 旁观者清 | | |
| 我的调整计划 | 我有好方法：<br>①<br>②<br>③<br>…… | | 好友的建议：<br>①<br>②<br>③<br>…… |

◆**小贴士**◆

完善自己的办法，除了正视自己的弱点，还要积极改正缺点，努力扬长避短，使自己成为一个更优秀的人。

📊 **素养习得**

### 弱点改善打卡

学生诵读《每天努力一点点》：

每天努力一点点，成长足迹看得见；

每天努力一点点，目标距离往小变；

每天努力一点点，改善弱点终实现。

作业：选择一个改善自己弱点的小方法，完成 21 天打卡表。

**弱点改善打卡表**

| 我的方法 | 第 1 天 | 第 2 天 | 第 3 天 | 第 4 天 | 第 5 天 | 第 6 天 | 第 7 天 | 要求 |
|---|---|---|---|---|---|---|---|---|
| | | | | | | | | 完成任务的打"√" |
| | 第 8 天 | 第 9 天 | 第 10 天 | 第 11 天 | 第 12 天 | 第 13 天 | 第 14 天 | |
| | | | | | | | | |
| | 第 15 天 | 第 16 天 | 第 17 天 | 第 18 天 | 第 19 天 | 第 20 天 | 第 21 天 | |

◆小贴士◆

你越害怕面对弱点，越会受限于弱点；你敢于迎难而上，它终会迎刃而解。万物皆有裂痕，那是光照进来的地方。不妄自菲薄，不自暴自弃，鼓起勇气去正视自己的弱点，才可能找到突破的方向，让自己变得越来越好。正如贝壳经过磨砺才能把进入壳内的砂砾变成珍珠一样，我们每个人也正是在与弱点的一次次较量中不断地磨炼自己，才更发光发亮。

# 八年级 10

## 迎刃而解
### ——复杂的事情简单化

维度 智慧

## 知识要点

爱因斯坦说："提出一个问题往往比解决一个问题更重要。因为解决问题也许仅仅是一个数学上或实验上的技能而已，而提出新的问题需要有创造性的想象力，标志着科学的真正进步。"

## 故事分享

### 怀丙和尚捞铁牛

北宋年间（公元 1066 年），山西永济县的黄河段发大水，洪水把原来用于固定一座浮桥的八头铁牛冲到河里了。每头铁牛重达几万斤。于是，朝廷贴出公告招募能够捞出铁牛的人。有个名叫怀丙的和尚，想到了捞出铁牛的办法。

首先，他命人把两艘装满泥沙的大木船并排拴在一起，开到铁牛沉没的地方，然后在两艘木船之间搭了个坚固的木架子。接着，他派熟悉水性的人带着绳索潜到水底，用绳索把铁牛绑牢，绳索的另一端则捆在两艘船之间的架子上。准备工作做好后，怀丙命人把船上的泥沙推到河里。随着泥沙的减少，大船慢慢地上浮，浮力把铁牛从河底的淤泥中拔了出来。这时，怀丙命人把船划回江边，并把铁牛拉上岸边。如此反复进行了八次，最终把八头铁牛打捞上岸了。

◆思考与讨论◆

请你猜想一下，怀丙和尚是怎样想到用这个方法捞出铁牛的？你认为他有什么特点或能力？从这个故事中，你有什么启示？

## 活动体验

### 火柴棒吊水瓶

（1）老师拿着用鞋带绑住瓶口的矿泉水问学生，有什么方法可以把这瓶水挂在讲台边上。

（2）学生分享方法。

（3）然后老师拿出火柴棒，让学生思考，能否用火柴棒把这瓶水吊在桌边？有什么类似的物品能够帮助学生找出答案呢？

（4）老师拿出一个桌面挂钩，在桌子上把水瓶挂上去，简单地分析其原理。

（5）给每个小组分发三根火柴、一条鞋带、一瓶矿泉水，以小组为单位尝试。

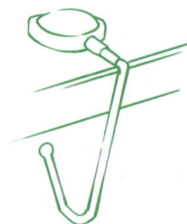

◆思考与讨论◆

在挑战的过程中，你听到最多的句子或词语是什么？有哪些同学的话或行为让你印象深刻？在这个过程中你有过哪些思考和疑问？在这个过程你的感觉怎么样？

📊 素养习得

### 学会质疑和提问

**1. 学会提问的前提是质疑**

古人云："学贵有疑，小疑则小进，大疑则大进。"自古以来，"疑"是人类打开宇宙大门及生命智慧的金钥匙。英国作家弗朗西斯·培根说过："多问的人将多得。"不满足于了解的状态，你才可能有提问的理由。

**2. 学会提问的技巧**

只有掌握提问的无穷力量，才能改变传统的思维方式。提问可以从以下三个方面来思考：

（1）我为什么要做这件事？或者这件事为什么很重要？

（2）如果把这件事做得更好、更有效果，我还需要解决哪些问题？

（3）为解决这些问题，我需要做出什么努力和改变？

◆小贴士◆

推荐书籍：［美］沃伦·贝格尔著，常宁译：《绝佳提问：探询改变商业与生活》，杭州：浙江人民出版社，2015 年。

# 11 十字路口
## ——两难选择

维度　冷静

## 🌱 知识要点

　　道德选择是个体在有许多可能选择的具体情境中，根据一定的道德行为准则，进行行为价值取舍的活动。通常情况下，这种选择是在道德与不道德、有价值与无价值、善与恶之间进行的，只要人们有向善的意识和识别善恶的能力就不难做出抉择。但现实生活中，人们常常处在具有矛盾冲突、难以抉择又必须做出选择的境地，即在善与善、是与是、应当与应当之间的选择。

## 📖 故事分享

### 两难问题

　　古罗马时期，有两个女人带着一个孩子来到法官面前，两个女人都说自己是这个孩子的妈妈，并且都说出了是这个孩子妈妈的理由。法官无法判断她们谁说的是真话，于是对她们说："这样吧，你们一人拉着孩子的一只手，谁抢赢了，孩子就归谁。"拉扯之间，小孩感到疼痛大哭起来。

> ◆思考与讨论◆
>
> 　　你觉得这位孩子的妈妈会怎么做？

💡 **活动体验**

## 春晚我来了

**剧情概要：**

你和家人好不容易买到了今年春晚的入场券，准备参加今年的春节联欢晚会现场录制，却在赶往央视的路上堵车了。因此到达目的地后，你们急匆匆地走到演播室门口就要入内，这时，门卫拦住说："不好意思，春晚已经开演了，根据剧场规定，为了不影响其他观众和录制效果，开场后不得入内。"你一看手表，只是迟到了 1 分钟，你们会……

**即兴表演：**

请 1 名同学扮演保安，4 名同学扮演参加春晚现场录制迟到的一家人，其他同学作为观众观察和记录表演者的观点。

请学生按照表中记录的情况分享自己的看法。

**观察记录表**

| | 保安 | 观众 1 | 观众 2 | 观众 3 | 观众 4 |
|---|---|---|---|---|---|
| 做法 | | | | | |
| 观点 | | | | | |
| 我支持谁和支持的理由 | | | | | |

## 我的道德原则

道德原则是社会中普遍遵循的一种行为规范，请学生分组讨论在不同情境中应该遵循哪些道德原则。

老师可以根据班级实际需要设定不同的情境，比如：网络环境、同学交往、家庭中亲人之间的相处、师生之间的交往、商场等公共场所。

请各组派代表分享，然后由老师总结道德原则的重要性。

## 素养习得

### 学生遵守公民道德规范细则要求

通过分享《学生遵守公民道德规范细则要求》，学生评价自己的行为是否符合规范要求，并做出遵守道德规范的承诺，约束自己的行为。

# 12 伯牙子期

## ——好朋友，我可以

仁

## 🌱 知识要点

对于青春期的学生来说，友谊是很重要的社会支持系统，是学生获取社会支持，构建自我价值体系、自我评价体系的重要来源。建立健康的友谊，对于青春期学生的健康成长非常重要。

## 📖 故事分享

### 珍贵的友谊

兰心和小鱼是小学六年的好闺蜜，她们每天都一起写作业，预习功课，遇到不会的题目的时候，一起讨论。升入初中后，她们被分到了不同的学校。这让原本每天都一起上下学的好姐妹变成只有周末才有空相聚的伙伴。刚开始她们还可以每个周末都一起学习、逛街……慢慢地，由于各种各样的原因，两个好朋友渐渐少了许多互动，似乎也渐行渐远。

直到一次运动会，兰心因为要参加跳高比赛而十分焦虑，她并不擅长运动。小鱼知道了兰心的困难，每个周末都抽出时间陪兰心去操场练习跳高，最终兰心获得了跳高铜牌。随后的期中考试，小鱼数学成绩不及格，兰心反过来安慰鼓励失落的小鱼，还利用每个周末辅导小鱼数学知识。到了期末，小鱼的数学成绩有了很大的进步。

这一对好朋友，彼此在对方需要的时候及时出现，互相帮助，虽然相聚在一起的时间少了，但是她们发现，彼此之间的友谊更深厚了。

◆ 思考与讨论 ◆

1. 兰心和小鱼在遇到困难的时候，彼此为对方做出了哪些努力？

2. 若要让友谊之树长青，需要如何维系呢？

## 活动体验

### 寻友启事

在班级内的朋友交往中，你希望找到一个怎样的好朋友？如果把这个好朋友用《寻友启事》的形成写出来，你会怎样写呢？

让学生在教室/活动室内分散就坐，彼此之间保持一定的间隔，老师为每个学生发放学习单《寻友启事》。

《寻友启事》主要内容如下：

（1）请写出你理想中的好朋友最核心、最关键的三个特点，而不是其姓名。

（2）请写出对方应该具备的性格、情绪、待人接物等特征，而不是其性别、生理等特征。

（3）请写出自己内心的真实想法和需求，最好具体、清晰、可识别。

◆ 思考与讨论 ◆

1. 按小组分享每个人的寻友启事，小组选出一名记录员记录、总结大家公认的好朋友的特征。

2. 当你听到这些好朋友的特征的时候，对照自己的特征有什么感觉？你觉得自己平时的言行、表现符合这些期待吗？对于好朋友，你可以做些什么来维护你们之间的友谊？

**素养习得**

### 让友谊之树长青

在黑板上贴一棵友谊之树。老师给每个学生分发一张便签纸，让学生写下"我可以为我的好朋友做的一件小事"。学生可以匿名把写好的便签纸交给老师，老师打乱顺序后贴在友谊之树上。

## 八年级

# 13 与众不同
## ——独特的我

### 知识要点

性格优势是人类美德性格上的具体体现。换句话说，通过展现性格优势，我们可以判断一个人具有何种美德。例如，智慧的美德可以通过创造力、好奇心、对学习的热爱、开放的思想和视角的转变来展现。这些优势是普遍存在的、有价值的，一个人很少会显示出所有优势。

### 故事分享

#### 找到你的优势

一位老人在湖边垂钓，旁边坐着一个垂头丧气的年轻人。老人问："年轻人，你为何总是唉声叹气？"

年轻人郁闷地说："唉，我是个穷光蛋，一无所有，哪能开心得起来？"

老人想了想说："既然这样，我出20万买走你的自信心，怎样？"

年轻人立即摇头说："自信心都卖了，我就什么也做不了了，不卖。"

老人继续出价："再出20万买走你的智慧，你可愿意？"

年轻人想都不想就一口回绝："连思考的能力都没有，有何用？"

老人望着年轻人的面容说："我再出30万买走你的外貌。"

年轻人回应："没有外貌活着还有意思吗？"

老人鼓足劲说："最后我再出 30 万买你的勇气。"

年轻人愤愤不平说："我可不想成为一蹶不振的人。"说完转身就想离开。

老人立马挽留说："年轻人，不急，你看，我用 20 万买你的自信，20 万买你的智慧，30 万买你的外貌，30 万买你的勇气，这些一共加起来是 100 万，你都没有同意卖。你说，你都拥有 100 万了，那你还是个穷光蛋吗？"

年轻人恍然大悟。

◆思考与讨论◆

你认为年轻人最后悟到了什么呢？

◆小贴士◆

世界上没有两片相同的叶子，同一个世界的每个生命都有其独特性。每个人身上都蕴藏着一座丰富的"金矿"，只要你肯挖、能挖，就会挖出令自己都惊讶的宝藏出来。那么你的宝藏是什么呢？

活动体验

**我的优势卡**

1. 学生先从 4 个维度在优势卡上写出自己的优势/优点。

2. 优点轰炸：6 人一组，组内同学互相指出其他同学所具备的 4 个维度的优点，并填写在该同学的优势卡片上。

◆思考与讨论◆

通过活动，你是否发现了自己以前所没有发现的优点？当你看到同学对你进行优点轰炸时，你有什么感受？你觉得他们所说的优点与你符合吗？

📊 素养习得

**制作优势卡片**

把自己的优势梳理出来，制作自己的优势卡片。

在音乐《我要飞得更高》中，学生上讲台把优势卡片全部贴在宣传栏上。

## 八年级

# 14

# 积极乐观
## ——乐观百宝箱

**维度** 为乐

### 🌱 知识要点

　　虽然乐观有可能是与生俱来的，但事实显示，我们可以通过适当的训练，让自己变得更为乐观，我们每个人都可以拥有一个属于自己的"乐观百宝箱"。在平时的学习生活中，请记得时时擦拭百宝箱，往百宝箱里添加一些宝贝，例如：多发现自己的优点，相信自己，肯定自己；学会幽默；不过分追求完美，不苛求自己和别人；当遭遇学习、生活中的挫折时，仍然能看到希望，能坚持前行，不轻易放弃……

### 📖 故事分享

#### 关于乐观的两则材料

**材料一：**

　　有家人生了一对双胞胎男孩，两个孩子长得很像，性格却截然相反。过生日的时候，他们的父亲想看看他们到底有什么不同，就给一个孩子的房间里摆满了玩具，另一个孩子的房间里则堆放了一堆马粪。当他走进第一个儿子的房间时，发现他正坐在地上大哭。"你为什么哭？"父亲问道。儿子一边抽泣一边说："我的朋友会非常嫉妒我。我还必须在玩它们之前阅读所有的说明，还要不停地给它们更换电池，而且这些玩具总有一天会坏的！"父亲听完，无奈地摇摇头走了。在经过第二个儿子的房间时，他发现这孩子正在到处兴奋地寻找，于是问道："你为什么这么高兴？"儿子说："这附近肯定有一匹小马。"

**材料二：**

著名心理学家马丁·塞利格曼做过这样一个实验：一批小鼠被分成两组，第一组被放在一个盛满不透明液体的池里，池里有一座小岛，但淹没在液体下面，小鼠们看不见它。小鼠们拼命游泳，直到发现已经游到了小岛上，可以休息且没有性命之忧时才停下。第二组也被放在不透明液体的池里，但没有小岛，小鼠们拼命地游泳直到筋疲力尽。然后，两组小鼠被放在同一个池里，没有小岛。结果第一组小鼠满怀着找到小岛的希望，坚持游泳的时间是第二组的两倍，而从来没有见过小岛的小鼠们很快就放弃努力，停止了游泳。它们认为再坚持游下去也没有用，宁可在绝望中让自己沉没。换言之，它们学会了某种悲观的思维方式，导致行动上的"无能"。

◆**思考与讨论**◆

读完两则材料，请思考：乐观是天生的吗？

◆**小贴士**◆

不难看出，乐观、悲观固然有天性的差异，但是后天的学习因素同样不可忽略。心理学家在研究中发现：天生乐观的人很少，也许三个人里只有一个；但是天生悲观的人更少，大概十个人里只有一个。那些悲观的孩子完全可以通过适当的教育成长为一个乐观的人。乐观是可以学习和培养的，且乐观可以改变事情的结果。

💡 活动体验

## 乐观情绪我能行

**小练习：**

请用一个关联词将下面的两个句子连接起来。

句子1：今天天气晴朗。

句子2：明天会下雨。

◆ 小贴士 ◆

　　学生尝试用不同的关联词来进行连接，并体会这样连接时内心的感受。如：今天天气晴朗，但是明天会下雨；今天天气晴朗，同时，明天会下雨；今天天气晴朗，虽然明天会下雨……

　　我们可以感受到，"但是"的思维让人担忧出现一些不好的情境而忽略当下的存在，不断抵消体验的积极面；"同时"的思维比较平均，有可能让你持一种平和的态度，但也有可能把你带入左顾右盼、停滞不前的境地；"虽然"的思维让人将较多的注意力停留在当下，对现在有一个肯定和积极的认识，给人信心和力量。

　　由此可见，言语可以改变我们的情绪。如果我们能用"虽然"替代"但是"，你内心的体验会有所不同。这种转变会使我们的注意力聚焦于当下，看到自己已经拥有的能力或资源，对人对事保持乐观的态度。

**巩固练习一：学会应用"虽然"换框法**

回忆一下，自己或身边的人中有哪些人经常使用"是的，但是……"的模式，识别出用"但是"贬损积极体验的陈述。

_____，但是_____。

（例如：我这次考试拿了满分，但是我想这种幸运不会长久。）

将句子中的"但是"替换为"虽然"。

_____，虽然_____。

（例如：我这次考试拿了满分，虽然我想这种幸运不会长久。）

**巩固练习二：请运用"意义"换框法转换情绪**

（例如：因为<u>我过去的悲惨遭遇</u>，所以<u>我的人生如此失败</u>。）

运用"意义"换框法，我们可以这么说：

<u>我的过去有过悲惨遭遇</u>，所以<u>我非常努力</u>，因为<u>我要证明自己能够做得更好；我要让自己变得强大；我要自己把控自己的命运；我要获得别人的尊重……</u>

请回顾你人生经历中的一些给你带来悲观情绪的事情，填写：

因为_____，所以我不开心。

转换：_____，所以我_____（积极的行动或情绪），因为_____ 。

## 素养习得

针对考试而言，除了上述学到的方法外，还有哪些保持乐观的方法呢？请以小组为单位，把你们组想到的方法写下来，放在"乐观百宝箱"里。

# 15 从容不迫
## ——积极应考，不惧焦虑

## 🌱 知识要点

焦虑程度与考试效果之间呈"倒 U"形曲线，即学生焦虑紧张的程度过低或过高，都会影响临场水平的发挥，而中等程度的焦虑能够使学生处于比较理想的临场发挥状态。应该选择积极的信念来开导自己。

## 📖 故事分享

期末临近，林芯在一个月前已经开始计划期末考的复习安排，每天安排一定的复习进度，有条不紊地复习各科，脸上总挂着笑容。而她的同桌越临近考试，越是焦虑担心，经常手心出汗，心跳加速，并且担心跟林芯的差距越来越大，每天复习到凌晨一点，早上又早起，生怕忘记单词，妈妈送他去学校的路上仍在背英语单词。

### ◆思考与讨论◆

不同学习状态的两名同学，谁能够在考试中发挥得更好？为什么？你在考试时，更趋向哪一个同学的状态？分享一下你考试时的内心感受。

💡 **活动体验**

### 选对眼镜

找一副老花眼镜，让近视的学生戴上体验。然后，让学生换回度数适合的近视眼镜。

◆ **思考与讨论** ◆

哪副眼镜看事物更清晰？看得清晰是因为我们戴的眼镜变了还是因为事物发生了改变？

◆ **小贴士** ◆

事物客观上并没发生变化，事物的感观变化是因为我们佩戴的"眼镜"不同。也就是说，世界不会因我们改变而改变，但我们会因为看问题的工具不同而有不同的认知偏差。

决定水龙头出什么水关键在哪里？同理，决定我们产生怎样的行为的关键在哪里？

**心态对比表**

| 心态 | "老花镜" | "适合的眼镜" |
| --- | --- | --- |
| 这次我不会考好 | 我不行 | 我可以尽力而为 |
| 我对不住爸妈 | 我惭愧 | 我是为自己而学的 |
| 我担忧我头脑一片空白 | 我紧张 | 平常心对待 |

📊 素养习得

## 心理调适法

对于在考试期间出现的焦虑，我们掌握适当的方法可缓解当下焦虑的心情。

**心理调适方法**

| 方法 | 详情 |
|------|------|
| 激励法 | 在家里、门口、书上、笔记本上都可以写上激励自己的语句，并在每天早上大声读出来鼓励自己 |
| 想象法 | 可以借用轻音乐做背景，想象大海、森林、平静的湖面、燃烧的蜡烛；也可以进行冥想，让整个身体处于放松、自信的状态 |
| 呼吸法 | 感受到紧张焦虑时，把注意力转移到呼吸（鼻子吸气，嘴巴吐气）上，吸气时想象吸入的是清新的空气，吐气时想象吐出的是体内的浊气，呼吸动作都尽量放慢 |
| 握拳法 | 考试时，觉察紧张情绪无法控制时，可以尝试紧握拳头 3 秒，然后放松，再次紧握，重复多次 |

# 16 拨开云雾
## ——走出情绪低谷

维度　冷静

## 🌱 知识要点

"情绪周期"是指一个人情绪高潮和低潮的交替过程所经历的时间。它反映了人体内部的周期性张弛规律，也称为"情绪生物节律"。

科学研究表明，人的情绪周期与生俱来，一般 28 天为一个周期，周而复始。人若处于情绪周期的高潮，就表现出强烈的生命活力，对人和蔼可亲，感情丰富，做事认真，容易接受别人的规劝，有心旷神怡的感觉；若处于情绪周期的低潮，则容易急躁、发脾气，产生反抗情绪，喜怒无常，深感孤独与寂寞。

## 📖 故事分享

最近班主任王老师收到了一封匿名的求助信，信的大致内容如下：我性格内向，身边没有朋友，感觉很孤单，经常感到情绪低落。我试过唱歌，试过跳舞，想让自己开心一些，但效果并不好。有时我会很主动地向同学靠近，但他们不太理睬我，这使我的心情又跌落到谷底，开始自我怀疑、自我否定，内心很难受。我不希望被这种情绪一直操控着，王老师，您可否帮助我调节这种情绪？

◆思考与讨论◆

　　这位同学出现了哪些情绪问题，你是否也遇到过这些情绪？当时你是怎样处理的？有没有一些好的处理情绪的方法建议给这位同学？

## 活动体验

### 情绪保管箱

　　学生各自收集一周的不愉快情绪问题，写好后放在情绪保管箱。各小组组长在课堂上随机抽取，学生讨论如何有效缓解负面情绪。讨论结束后，各个小组分享缓解负面情绪的方法。

◆思考与讨论◆

　　有哪些负面情绪的缓解方法是你之前一直没想到的呢？你在这一次调节不愉快情绪的活动体验中有什么收获？

### 心理剧扮演

　　情绪保管箱的开启，给我们提供了可行的缓解负面情绪的方法。如果你也遇到类似的情况，你会如何做呢？各小组对老师提供的情境进行心理剧角色扮演。

　　各小组可在 8 分钟内设计剧情对白，然后上台进行心理剧角色扮演。

📊 **素养习得**

### 积极情绪锦囊

从感性认识到理性认识，再落实到实际行动，需要一个演练过程。通过有趣的解惑锦囊设计，可让学生对积极情绪的行动产生好奇心，驱使学生进一步开启锦囊，受到启发。

请你总结经验，自制积极情绪锦囊，可以自用，也可以赠送给其他同学。

# 17 百折不挠
## ——压力不可怕

## 🌿 知识要点

　　压力与动力是一对矛盾体，并不是所有的压力都能转化成动力，压力变成动力，需要一个转化的条件，即压力的承受者有承受压力的能力。若没有这个条件，压力就只能做惯性运动。因此面对压力我们要积极地改变自己、充实自己，这样才能将各种压力转变成我们前进的动力。

## 📖 故事分享

### 枯井里的驴

　　一天，某个农夫的一头驴不小心掉进一口枯井里，农夫绞尽脑汁想办法救出驴，但几个小时过去，驴还是在井里痛苦地哀嚎。最后这位农夫决定放弃，于是他请来了左右邻舍，帮忙一起将井中的驴埋了，以免除它的痛苦。农夫和邻居们人手一把铲子，将泥土铲进枯井中。这头驴似乎也了解到自己的处境，刚开始叫得很凄惨，但出人意料的是，不一会儿它就安静了下来。农夫好奇地探头往井底一看，眼前的景象令他大吃一惊。他们铲进井里的泥土落在驴的背上后，它将泥土抖落在一旁，然后站在泥土堆上面。就这样，驴将大家铲在他身上的泥土全数抖落在井底，再站上去，很快便上升到了井口，然后在众人惊讶的表情中快步地跳出枯井，跑开了。

（源自秦文：《枯井里的驴子》，《初中生世界·七年级视野版》2012 年第 10 期）

◆思考与讨论◆

枯井代表什么？铲进井里的泥土代表什么？抖落的泥土成为驴解困的法宝，这又代表什么？

## 活动体验

积极心理学之父马丁·塞利格曼说，积极思维通常指在没有证据甚至面对相反的证据时，仍然企图相信愉快的说法，例如"每一天，我都会越来越好"。这会带来不一样的感受和行动力。一起来寻找身边的积极思维，你会有惊喜收获。

**压力与积极思维**

| 学业压力 | 积极思维 |
|---|---|
| 上初中后学科多了，很难把每一科都学好 | |
| 看到同学努力学习，我对自己特别没有信心 | |
| 考试时就觉得紧张，手心出汗，一些会做的题也做不对 | |

积极思维与个人的解释风格有关，对于发生的事情，家长/老师惯用的解释风格，决定了孩子/学生对事情的思维模式。

**解释风格与思维模式**

| 解释风格 | 解释起因 | 积极/消极效果 |
|---|---|---|
| 永久性 | 事情的起因会继续下去 | 消极 |
| 暂时性 | 起因是可改变的或是过渡性的 | 积极 |
| 普遍性 | 起因会影响许多情况 | 消极 |
| 特殊性 | 起因只会影响特定情况 | 积极 |
| 个人的 | 起因就是我 | 消极 |
| 非个人的 | 起因是其他人或是其他情况 | 积极 |

## 素养习得

### 劳逸结合

请你随意地拿出一本书托举起来，感受一下这本书有多重？你可以拿这本书拿多久？

这本书并不重，拿一分钟，问题不大；拿一小时，你可能开始手酸；一天呢？一周呢？随着托举的时间越来越长，可能后果就不堪设想，甚至要打急救电话了。

这如同把压力放在身上，不管压力是否很重，时间长了就会觉得越来越沉而无法承担。我们必须做的是放下这本书，休息一下后再拿起，只有这样才能拿得更久。因此，我们所承担的压力，应该在适当的时候放下，好好地休息一下，然后再重新拿起来，如此才可承担更久。

要培养自身的韧性，就要学会先把压力适时放下，积聚力量后，再继续前进。

# 18 此疆彼界
## ——助人有边界

维度　爱人

## 知识要点

助人不是为了营造自己的好人人设，也不是为了在受助者面前高人一等，更不是为了让别人报答自己，而是真诚地希望能帮助别人渡过难关。因此，询问对方的真正所需，真诚地帮助，尊重彼此，守住界限，才能够真正地帮助到他人。

## 故事分享

### 破茧成蝶

有个人一天在路上看到一只茧，就把它带回家，想观察蝴蝶破茧而出的过程。一天小蝴蝶终于开始蠢蠢欲动，这个人就坐下，细细观察起蝴蝶用身躯艰难冲破蚕茧的过程。

然而好几个小时过去了，似乎还是毫无进展，小蝴蝶好像卡在茧中无法挣脱出来。这个人决定出手相助，他用剪刀剪开了茧，帮助小蝴蝶顺利地破茧而出。

但小蝴蝶的身躯如此瘦小和卷曲，翅膀布满皱褶。这个人继续观察着小蝴蝶，希望能看到它展翅高飞的那一刻。但事与愿违，小蝴蝶生命的剩余时间只能拖着卷曲的身躯，根本无力飞翔。

（源自曹献民：《破茧·新生》，《青春期健康》2012年第4期）

◆思考与讨论◆

小蝴蝶结局是怎样的？小蝴蝶需要的是怎样的"破茧成蝶"？实际的帮助是怎样的？

◆小贴士◆

这个人不明白的是，尽管他出于好心帮助小蝴蝶破茧而出，但其实小蝴蝶挣扎破茧的过程正是大自然赋予其化蝶的必经之路，只有这样小蝴蝶才能变得更强壮，为即将而来的自由飞舞做好充足的准备。真正的帮助是给人所需，而非给己所好。

## 活动体验

### 我能助人有边界

当你的朋友需要帮助时，请你帮帮忙，你会：

（1）当我的好朋友因为考试不理想而情绪低落时，我会＿＿＿＿＿＿＿＿

＿＿＿＿＿＿＿＿＿＿＿＿＿＿＿＿＿＿＿＿＿＿＿＿＿＿＿＿＿＿＿＿＿。

（2）当我的好朋友因为丢了珍视的物品而难过时，我会＿＿＿＿＿＿＿＿

＿＿＿＿＿＿＿＿＿＿＿＿＿＿＿＿＿＿＿＿＿＿＿＿＿＿＿＿＿＿＿＿＿。

（3）当我的好朋友因为朋友之间闹别扭而沮丧时，我会＿＿＿＿＿＿＿＿

＿＿＿＿＿＿＿＿＿＿＿＿＿＿＿＿＿＿＿＿＿＿＿＿＿＿＿＿＿＿＿＿＿。

完成填空后，写上你的名字，与其他同学互相传阅，看看彼此的答案有何不同。如果是自己需要帮助，这些方法中，哪些是自己需要的，哪些不是自己需要的。传阅结束后彼此分享。

◆思考与讨论◆

如何做才是智慧助人呢？

## 素养习得

### 每周一件好事

在接下来的每一周，你可以尝试去做一件表达自己善意或帮助他人的事，记录自己的内心感受。

尝试在不期望任何回报或者其他好处的前提下真诚地帮助他人，在帮助他人的过程中逐渐感受到自身的价值，提升心理上的满足感。

九年级

# 1

## 高飞远翔
### ——逐梦青春

### 知识要点

在改造自然和社会的活动中以及日常生活中，人们总是会期待着什么，希望发生理想中的事，出现自己所期望的结果。由此，幻想便产生了。幻想是人们希望改变现状，憧憬美好事物和美好明天的心理表现，是从个人愿望出发，表现个人的渴望、向往和追求的心理活动。幻想和人们树立的目标和理想相联系。

幻想有助于目标的树立和实现，而能够实现的幻想则变成了理想。本节课以"幻想"为切入点，提升学生对未来的希望，同时也引导学生思考如何通过行动让梦想成真，做到既仰望星空，也脚踏实地。

### 故事分享

#### 白日幻游

请你用最舒服的姿势坐着，想象自己是一台扫描机，扫到哪里就放松到哪里。从头开始对每一个部位进行放松，呼吸均匀缓慢，感受呼吸的节奏。现在，让我们一起坐着时空机，去到 20 年后，你多少岁？

想象你的容貌，周围的场景。你躺在床上，清晨睁开眼睛醒来，你看到的天花板是什么颜色？有什么装饰？

你下床的时候，脚趾接触到地面，请感受一下地面的温度。是暖暖的，还是凉凉的？

洗漱之后，你来到衣柜前准备换衣服上班，今天你准备穿什么样的衣服？

穿好衣服，请看看镜子里的你是什么样子？

你来到餐桌前，早餐是什么？

和你一起用餐的还有谁？你们在聊什么？

吃完早餐出门。关上大门，请你回头看一下你的家是什么样子的？

你乘什么交通工具去上班？

你到了工作的地方，这个地方看起来怎么样？

你跟同事们打招呼，他们都怎么称呼你？还有哪些人出现在办公室？他们在做些什么呢？

你开始工作了，上午的工作内容是什么？会用到哪些东西？

一天的工作结束之后，你下班要参加哪些活动？

你回家了，家里都有哪些人？晚饭后你都做了些什么？

睡觉前，你计划明天参加一个颁奖典礼，你是获奖者之一，你将接受的奖项是什么？谁来给你颁奖？你的获奖感言是什么？

躺在床上准备休息，回忆一天的工作和生活，你满意吗？你希望明天的工作和生活也是如此吗？

好，暂停在这里，时空穿梭机慢慢又把我们载回到现在，我们重新回到了教室中。现在，请你慢慢睁开眼睛，回到此刻，回到当下。

◆**思考与讨论**◆

回想幻游场景，和同学分享20年后：

（1）我看到的天花板颜色是什么？

（2）我穿的衣服样式是什么？

（3）和我一起吃早餐的是谁？

（4）我住的房子是什么样子？

（5）我乘的交通工具是什么？

（6）我从事的职业是什么？

（7）我的工作环境怎么样？

（8）同事们对我的称呼是什么？

（9）我将接受的奖项是什么？

（10）对于一天的工作与生活，我的感受是什么？

你会用哪三个词形容白日梦中的生活？你认为你的未来会在多大程度上与刚才的白日梦相关？

## 活动体验

### 勇敢逐梦

愿景板的作用原理——"视觉化"之所以有效，是因为你在心中创造了一个看见"已经拥有想要的事物"的画面，于是你就会产生"现在已经拥有它"的思想和感觉。

绘制愿景板的方法如下：

（1）理清一年愿景：3～5个期待的画面。

（2）拆分目标：将一年分为4个季度，将你的愿景拆分成季度目标，写下每个季度待完成的事件。例如：读多少本书。

（3）找到障碍和应对方法：达成目标过程中，你可能遇到的障碍有什么？用什么方法应对这个障碍？

（4）具体步骤：

①在纸的最上端1/5处留出一片区域，写下你的愿景；底部可以画个小人，那是你现在的起点。

②用你喜欢的方式制作愿景板，把你的愿景视觉化。画一条曲线，将其分为四段，分别写上Q1、Q2、Q3、Q4，写下你的阶段性目标或期待完成的事件，用你喜欢的方式将障碍画在每个阶段，并写下克服

障碍的方法。在你的愿景板上署自己的名字，还可以写下你最喜欢的话。

与好朋友分享你的愿景板，邀请一位朋友成为你的合伙人，监督你的做法。将愿景板挂在卧室、书房等显眼的位置，每天看一次，想象自己完成的画面，让自己用实际行动战胜障碍。

## 素养习得

### 千里之行，始于足下

千里之行始于足下，做梦很美好，为了梦想奋斗的过程更美好。

在接下来的一周，你会为你的梦想做出哪些行动？请写在愿景板的最下方，以"千里之行，始于足下"开启你的追梦旅程。

# 生命卷轴
## ——发现生命的价值

维度 冷静

## 🌱 知识要点

每个人的人生都充满了意义，不仅可以自己感受生命的美好，也可以给身边的人带来快乐、帮助，甚至为社会做出贡献。老师通过本节课程，引导学生认识生命的意义，有助于学生塑造积极意义感。

## 📖 故事分享

### 出　生

在上海的一家医院，陈力歌换上了无菌服，带上了口罩，双手消好毒，在护士的指引下来到了产房中。他准备陪伴妻子生产，和她一起见证孩子出生的那一刻。妻子经历了剧烈疼痛后终于迎来了健康的女婴。当护士把刚出生的孩子放在妻子的肚子上时，妻子的眼角流出了幸福和喜悦的泪水，仿佛忘记了刚才的疼痛。而陈力歌此时一边摸着妻子的头，一边目不转睛地看着刚出生的孩子，即使隔着口罩也能看见他的脸笑成了一朵花。人生的第一次见面，孩子使劲儿哭，家长一直笑。

◆思考与讨论◆

一个婴儿出生后根本无法独自生存，更谈不上能够为父母和社会做事，为什么身边的亲人会流露出喜悦和幸福？

## 活动体验

### 《疯狂动物城》

老师介绍《疯狂动物城》中 8 个关键角色的形象和特点，请 8 位同学进行角色扮演，在台上现场演绎。

**《疯狂动物城》角色表**

| 角色 | 形象特点 |
| --- | --- |
| 朱迪（棉尾兔） | 兔子警官，一位女权主义英雄，善良，永不妥协 |
| 尼克（赤狐） | 与朱迪是合作伙伴，思维灵活，胆子大 |
| 博戈（非洲水牛） | 脾气暴躁，有责任感，做事认真 |
| 本杰明（猎豹） | 对人热情，为人积极乐观 |
| 大先生（鼩鼱） | 非常自我，希望别人都能按照他说的做 |
| 羊副市长（绵羊） | 声音甜美，缺乏主见，喜欢听从别人的建议 |
| 狮市长（狮子） | 出色的领导者，有主见，有号召力，做事认真 |
| 闪电（树懒） | 说话和行动都比较慢，做事认真，为人善良 |

**剧本纲要：**

第一幕：朱迪、尼克和博戈三人一起相约去森林徒步探险。走到半路，看到闪电垂头丧气、无精打采地坐在路旁。经过了解，原来闪电因为速度慢，很多学习上的任务都没能做好，为此他非常沮丧。三人都很想帮助闪电，让他开心起来，找回学习的热情。

第二幕：小伙伴们继续朝着森林的方向走去。在森林的入口处遇到了本杰明、大先生和珍妮，他们正玩"森林逃脱"的游戏，本杰明和大先生在一道题目上因为观点不同争得面红耳赤，羊副市长在一旁不知如何是好。经过大家的调解，本杰明和大先生不再争吵了，最后还一起破解了题目。

第三幕：根据题目的提示，他们来到了一个湖边，狮市长已经在那里等候大家了。小伙伴们分工合作，一起在湖边聚餐游玩。

请各位扮演者按照人物的特点和自己的想法现场演绎。

◆思考与讨论◆

分别请各个扮演者简单地谈谈自己的想法和感受。不同的角色对剧情的发展起到了什么作用呢？

◆小贴士◆

每个人都有不同的特点，有不同的意义和价值。慢一点、善良一点、简单一点其实也可以很快乐，也可以给别人带来能量和帮助。

## 素养习得

### 回味精彩时刻

请你回顾自己过去精彩的时刻，难忘的、快乐的、感动的、坚强的……回想当时自己内心的感受，以及身边的人的反应，将其写在便签纸上。学生以小组为单位进行分享，由组长把每人写好的便签纸贴在黑板上的"我们的精彩时刻"大卡纸上。

老师抽读便签纸上的内容，并让学生看着贴满了便签纸的大卡纸，大家分享活动中的发现。

# 3 荣辱与共
## ——在团体中成长

维度　爱人

## 🌱 知识要点

你、我、他构成了大家。在利益标准分界时，我们考虑的是双赢。即当发生矛盾、冲突、纷争时，不仅要考虑个人利益，更要考虑大家的利益，从双赢的角度来解决问题，做出个人的部分牺牲也是必要的。这样我们在团队中才能获得成长帮助。

## 📖 故事分享

李清平时学习比较较真，特别沉迷数学题的解题过程。一天数学课上，她又为一道数学题跟身旁的男同学争辩起来。此时数学老师提议，先等他把重要的内容讲完了，下课再为李清分析问题，但是李清执意让老师先解决这个问题，不让老师回到讲台。此刻离下课还有10分钟。

◆思考与讨论◆

　　李清在课堂上为数学题争辩是热爱学习的表现吗？你认同这样的行为吗？谈谈你的看法。

## 活动体验

### 小球接力赛

**活动一：**

每组的组员分别站在教室的两侧，一侧组员把小球放置在乒乓球拍（或其他平整的物件）上运送到对面，对面的组员再把小球运送过来，若球掉落到地上，则该组员要回到起点重新运送。最快完成运送的小组胜出。

计分表 1

| 组次 | 时间 | 失误次数 |
|---|---|---|
|  |  |  |
|  |  |  |
|  |  |  |
|  |  |  |

邀请最快完成运送的小组分享感受。

**活动二：**

小组组员用两个乒乓球拍（或其他平整的物件）轮换运送小球，并按照指定路线到达终点。

计分表 2

| 组次 | 时间 | 失误次数 |
|---|---|---|
|  |  |  |
|  |  |  |
|  |  |  |
|  |  |  |

邀请参与的同学分享完成任务的感受。

◆思考与讨论◆

| 环节 | 个人在团队中的感受 | 在不同环境需具备的能力 |
|------|------------------|----------------------|
| 活动一 | | |
| 活动二 | | |

◆小贴士◆

积极心理学家克里斯托弗·彼得森经研究表明：人们对团队的需求来自越来越大的压力和人类的本能。

**为什么需要团队？**

（1）当今社会大环境的改变，团队更加被需要。

（2）每个人都有短板，团队可以合理协调，取长补短。

（3）协作有奇效，众志成城，人多力量大。

（4）在团队中，个人更能成长，可以通过团队资源提升自我。

**团队的发展和个人的成长有什么关系？**

（1）鱼水关系。没有个人，就没有团队；没有团队，个人也很难有大的成果。

（2）合作共赢的关系。个人在团队中成长，团队也因个人的成长而发展。

## 素养习得

### 正确处理个人与集体的关系

**1. 要有一个目标**

当有了目标后，就有了团结奋斗的不懈动力。

## 2. 要各尽其能、发挥所长、奉献集体

因为当每个人都把自己的智慧和热情贡献给集体的建设时，集体就会成为一道亮丽的风景线，展现出迷人的色彩，每个人都会为集体的美丽而自豪！

## 3. 团结合作，互助前行

只有团结协作，互相配合，我们才能奏出最优美的乐章，在集体中不断成长。让我们每个人都行动起来，共同创建一个我们为之自豪的集体！

# 4 屡败屡战
## ——认识失败

维度 坚韧

## 知识要点

失败只是过程而非结果。成长是一个"错了再试"的过程。失败的经验和成功的经验一样可贵。在成功到来的时候，我们应不骄不躁；在失败出现的时候，我们也要坚持不懈。

## 故事分享

### 乔布斯的故事

史蒂夫·乔布斯出生于美国加利福尼亚州旧金山，他是发明家、企业家、苹果公司联合创始人。他被认为是计算机业界与娱乐业界的标志性人物，无数的创业者视他为传奇人物。但谁又能想到，这样一位传奇人物的经历并不是一帆风顺的呢？

1985 年，乔布斯被赶出苹果公司，他在自传中说："斯卡利在分析会上说，未来在苹果没有我的位置了，几天以后他又说了一次，而且他不是直接对我说的，而是对媒体说的。那感觉像是有人在你肚子上狠狠地打了一拳，你甚至无法呼吸，那就是我整个夏天的感受。我所要做的事情就是尝试着放松自己，但是太难了。所以我总是去树林里散步，也不怎么和别人说话。然后，慢慢地，我的精神状态一点一点地恢复了。"

被赶出苹果公司后，乔布斯创办了 NeXT，他对这家公司寄予了很大的期望，他甚至说过希望 NeXT 可以和微软一争高低，可是那些年微软飞速发展，可能很多人不是很清楚，其实 NeXT 一直是赔钱的。

乔布斯在 1995 年说："NeXTStep 现在开始被一些大公司接受了，去年是 NeXT 成立 9 年来第一次实现盈利，靠出售软件有了五千万美元的收入，我觉得我们今年会有一些较大的增长。"

乔布斯回归苹果公司后，推出了 iPod、iPhone 和 iPad 等风靡全球的电子产品，苹果公司也从破产的边缘发展成了全球最有价值的科技公司，看起来他已经很成功了，其实也不是这么容易。

乔布斯在 2008 年回忆道："那段时间很艰难，由于各种各样的原因，很多人不接受 Mac。我们一直拼命地工作，但是我们的市场份额却几乎没有什么增长。有时候你不禁会怀疑，是不是做错了，怀疑是不是产品做得不够好，虽然我们自己认为我们的产品更好，或许消费者根本不在意产品好不好，显然这个解释更令人难过。"

就是在这样屡遭打击的环境下，乔布斯一次次顶住了压力，坚持了下来。2010 年，苹果公司推出了 iPhone 4，引发了世界范围的销售热潮。除了 iPhone 系列之外，发布使用 iOS 系统的 iPad 平板电脑——这一起先不被众人看好的产品，最后也获得了巨大的成功。

后来乔布斯在日本接受采访时，主持人问他，你成立苹果公司到现在快 30 年了，你有想过放弃吗？

乔布斯说："有些时候是很令人绝望的，但是，我没想过放弃。我觉得最重要的是如果你要开创一项新的事业，你必须要对这件事充满激情，因为这个过程会很难，成立一家公司实在是太难了，你必须要付出极大的努力，如果你没有热情的话，你肯定会放弃的。成功的人和不成功的人最大的区别就是，那些成功的人没有放弃。"

（源自马亚南：《乔布斯经历过哪些失败？》，https：//www.zhihu.com/question/45206018，2016 年 6 月 13 日）

◆ 思考与讨论 ◆

是什么品质让乔布斯取得了成功？乔布斯为什么能在逆境中坚持下来？

## 活动体验

### 客观认识自己

完成以下作业，以更清晰地了解自身的特点优势，接纳真实的自己。

（1）假如我是一种动物，我希望是_____，因为_____。

（2）假如我是一朵花，我希望是_____，因为_____。

（3）假如我是一棵树，我希望是_____，因为_____。

（4）假如我是一种食物，我希望是_____，因为_____。

（5）假如我是一种交通工具，我希望是_____，因为_____。

（6）假如我是一档电视节目，我希望是_____，因为_____。

（7）假如我是一部电影，我希望是_____，因为_____。

（8）假如我是一种乐器，我希望是_____，因为_____。

（9）假如我是一种软件，我希望是_____，因为_____。

（10）假如我是一种武器，我希望是_____，因为_____。

（11）假如我有万能的力量，我希望是_____，因为_____。

## 素养习得

失败会激励成功者，也会击垮失败者，这是成功者之所以成功的原因，也是失败者之所以失败的理由。

失败只是过程而非结果。成长是一个"错了再试"的过程。失败的经验和成功的经验一样可贵。

失败＋失败＋失败＋……＝成功，你不知道你会在哪次失败后成功，因此，坚持吧！成功一定会到来。

# 能屈能伸
## ——坚持不懈的秘诀

**维度** 坚韧

## 🌱 知识要点

2013 年，宾夕法尼亚大学心理学副教授安吉拉·达克沃思进行了名为"坚毅：释放激情与坚持的力量"的 TED 演讲。她提出，"坚毅是对长期目标的持续激情及持久耐力，是不忘初衷、专注投入、坚持不懈，是一种包含了自我激励、自我约束和自我调整的性格特征。"坚毅被认为是比智商、情商更重要的品质。学校应重视坚毅和其他"非认知"因素，老师应该鼓励学生非认知能力的发展，培养学生的性格优势。有研究发现，坚毅和学业成绩有着显著的正相关，坚毅能够预测学术成就。国内外大量的研究也表明坚毅对学生的学业成绩尤为重要。

## 📖 故事分享

### 如何坚持下去

冰心在《繁星》里写道："成功的花，人们只惊美它现时的明艳。然而当初它的芽儿，浸透了奋斗的泪泉，洒遍了牺牲的血雨。"用这句话形容中国短跑选手苏炳添最为贴切了。

2021 年 8 月 1 日，在东京奥运会男子 100 米半决赛中，苏炳添跑出 9 秒 83 的成绩，成功闯入决赛并创造亚洲纪录，成为中国首位闯入奥运男子百米决赛的运动员，并以 32 岁的"体育"高龄仍然屹立在国际短跑舞台上创造佳绩。苏炳添从 2008 年进入大众视野开始，在这之后的 13 年里，他在亚洲选手相对较弱、欧美选手尤其是身材体能占优的黑人垄断的短跑项目里，累积了失败与成功的深刻经验，突破自我，不断刷新纪录，成就了"亚洲飞人"和"中国速度"。

◆思考与讨论◆

在苏炳添身上，哪些精神与品格让他仍然坚持到今天？即将面临中考的你，又会怎样面对呢？

◆小贴士◆

坚持要有度，坚持不代表要"死磕"，而是要懂得找方法、找方向。方向错了，再努力、再坚持也不能完成任务或成功。

## 活动体验

### 椅子游戏

**游戏规则和程序：**

（1）围成一圈，每位同学将双手放在前面同学的肩上，相距一个小手臂的距离；

（2）听从老师的指挥，每位同学慢慢坐在后面同学的大腿上；

（3）坐下之后，每圈可以再喊出相应的口号，例如"齐心协力""勇往直前"；

（4）可以以小组比赛的形式进行，看看哪个小组可以坚持更长的时间。

## 素养习得

### 学会坚毅

坚毅并非完全取决于精神力，这里有一些保持坚毅能力的小策略。

1. 制定一个正确的目标

在了解自己的情况下，认清你真正热爱的事业及理想。只有这个梦想真的是你想要的，我们才能在闹钟响起时义无反顾地爬出暖暖的被窝。

在制定目标时，要牢记 SMART 原则，即 Specific（具体的）、Measurable（可以衡量的）、Attainable（可以达到的）、Relevant（相关的）以及 Time - bound（有时间限制的）。唯有这样的目标才是一个良好的目标，才有望达成。当然每个人可能还有更加长远的目标，那么在生活中，就要牢牢记住这个长远目标，在做出选择和衡量时，切不可违背长远目标。

2. 构建良好的环境

如果你想要远离零食的诱惑，那就不要买零食囤在家里，如果买了，把它放在你看不到的抽屉里。良好的环境还包括人际环境，如果想要实现自律，不妨找到一个跟你有一样目标的人，一起坚持，在得到他人支持的同时，也给他人提供支持。

3. 不纠缠于小事

对自己进行时间管理后你会发现，往往最浪费时间的就是一些小事，如收拾房间、选哪套衣服、化什么样的妆容。这些小事在你纠结的过程中，也在消磨你积蓄的意志力。因此，请给冗长乏味的任务设定一个截止期限吧，在规定的时间内把它做完。而在给重要的事情预留出的时间里，控制自己不做其他无关紧要的事。

（源自［美］安杰拉·达克沃思著，安妮译：《坚毅：释放激情与坚持的力量》，北京：中信出版社，2017 年）

九年级

# 6

# 勇往直前
## ——挑战不可能

维度　信义

## 🌱 知识要点

　　生活中我们总会遇到各种未知的挑战，面对挑战，往往会给我们从心理上带来一些压力。很多学生都会出现紧张、害怕、焦虑等情绪，而这些情绪也会引起一些生理反应，比如心跳加快、手掌出汗等，这是很正常的。

　　我们所恐惧的，是恐惧本身。在生活中，可能"我们太焦虑了"这句话也会让我们焦虑。我们一边沉湎于过去焦虑的记忆，想象未来可能焦虑的场景，一边又觉得自己这样是不对的。如果我们在面对挑战时，坚信自己"不该恐惧"，反而可能会沉湎于恐惧，无力前进。

## 📖 故事分享

### 高考数学得1分的马云

　　阿里巴巴的创始人马云是一个万众瞩目的人物。然而，过去的马云并不是如此优秀，至少在他上学期间，他一直不被认为是个"好学生"。他曾经想考重点中学，却失败了，大学更是考了三年才考上。

　　马云第一次参加高考，数学只得了1分。落榜后的马云，垂头丧气，觉得自己根本不是上大学的料，也没那个好命。后来，在一次偶然的机会下，他捡到路遥写的《人生》一书。在读完这部作品并经历一番反思之后，马云开始下定决心：再战高考！第二次高考，他的数学考了 19 分。父母都劝他："你就彻底死了这条心，安安稳稳做个临时工，学点手艺吧。"然而，马云不甘心，连续两次高考失利，反而让他越战越勇。他白天打工，晚上念夜校。每到周末，还早早起床，赶到离家有一个多小时路程的浙江大学图书馆去复习。第三次高考，他的数学考了 79 分（当时数学满分是 120 分），终于上了大学。

（源自 2019 年 3 月 29 日马云在阿里全球数学竞赛颁奖典礼上的发言）

◆思考与讨论◆

你如何理解马云的坚持？

## 活动体验

### 最强拼图

学生按小组就坐，给每个小组发一份拼图（100 个碎片）。

第一次挑战：请各小组挑战在 2 分钟内完成拼图。学生开始任务，老师倒计时。

第二次挑战：请各小组在 10 分钟内完成拼图。学生开始任务，老师倒计时。

◆思考与讨论◆

第一次挑战你有怎样的感受？若第二次挑战你的小组成功了，你在和小组一起完成任务的过程中，有怎样的感受？

◆小贴士◆

在第二次挑战中，大家齐心协力，在高度专注地完成拼图的过程中进入了福流状态。中等难度的挑战最容易进入福流状态，体验酣畅淋漓的感觉。

## 我爱挑战

每个小组拿到 500 个单词构成的英文单词学习单，小组成员尽自己最大的努力在 3 分钟的时间内记忆英文单词的中文意思，最后小组成员合力完成单词记忆，看看哪个小组记忆的单词量最多，以能够默写出来的单词的中文意思准确个数为标准。

例如：老师给出单词 Maths，小组成员默写单词的中文意思（数学）。

◆思考与讨论◆

通过这个活动，我们可知在遇到比较难的任务的时候，怎样做更容易完成？学习如何通过拆解任务，创造中等难度的挑战。

## 素养习得

### 学习任务拆解

分享你在学习生活中，曾经通过分解任务，体验福流的美好经验。

在接下来的学习中，尝试通过分解任务，设置中等难度的挑战，体验福流，并在周记本中记录下来，与老师分享。

# 7 以梦为马
## ——不负韶华

维度 文雅

## 知识要点

时间管理倾向是个人的一种具有动力性的人格特性，时间管理的本质是目的管理，如果我们想要更好地利用时间，先要找到最值得我们花费时间的事情。培养学生的时间管理能力，首先需要不断强化学生的学习目标，引导学生根据自身情况，制定具体的阶段性目标；其次是鼓励学生发掘自身兴趣，制订有张有弛、劳逸结合的执行计划。

## 故事分享

### 生命银行

四个 20 岁的青年去银行贷款，银行答应借给他们每人一笔巨款，条件是他们必须在 50 年之内还清本息，看到巨款即将到手，四个年轻人都非常爽快，接受了银行的条件。

第一个青年想先玩 25 年，用生命的最后 25 年努力工作偿还。结果他活到 70 岁还是一事无成，死去时仍然负债累累。他的名字叫"懒惰"。

第二个青年用前 25 年拼命工作，50 岁时他还清了所有的欠款，但是他却在那一天累倒了，不久就一命呼呜。他的骨灰盒上挂了一个小牌，上面写着他的名字——"狂热"。

第三个青年任劳任怨，70 岁的时候，他还清了所有的债务，但没过几天他也不省人事了，死亡通知书上写着他的名字——"执着"。

第四个青年工作了 40 年，60 岁时还清了所有的债务。生命的最后 10 年，他成了一名旅行家，去过地球上的很多国家，到了 70 岁死去的时候，他面带微笑。人们至今都记得他的名字——"从容"。

当年贷款给他们的那家银行叫"生命银行"。

（源自杨竞：《生命银行》，《中学生读写》2004 年第 3 期）

◆ 思考与讨论 ◆

1. 你更认可或希望成为哪个青年？

2. 你觉得自己更像哪个青年？你认为这个青年有更好的方法改进自己的人生规划吗？

💡 活动体验

### 我的生命曲线

让学生直观真切地看到自己的过去和未来，在看到自己过去的努力和付出、挫折和失败的同时畅想未来，设置希望和目标，给未来赋能。

**活动流程：**

（1）在学习单中完成"我的生命曲线"的绘制。在以下这条时间轴的最左边标记为 0，表示你生命的开始，横线最右边标记为你预估的人生寿命，在横线上面用五角星标注你现在所处的位置。

0 ——————————————————→

（2）描绘过去线：在代表过去的这段时间轴上，标出重要的事件点。在时间轴上方表示当时的感觉很美好，感觉越好，位置越高，用色彩鲜艳的笔标记；在时间轴的下方表示当时感觉不好，用色彩暗沉的笔标记。选择喜欢的颜色笔用虚线把所有事件点连起来。

（3）描绘未来线：畅想未来会出现的重大事件带来的感受和期望程度，描绘其在时间轴的相应位置，选择喜欢的颜色笔用虚线把所有事件点连起来。

（4）邀请学生分享自己的生命曲线，可以采用实物投影或者拍照上传一体机等方式向全班展示。

## 素养习得

### 以梦为马

**目的：升华主题**

梦想虽美，也要此刻脚踏实地，一步一步去实现。

**内容：**

（1）欣赏音乐视频《以梦为马》。

（2）如果想要成为"未来的自己"，从今天起，"我"需要做哪些努力？邀请你的伙伴做你的梦想见证官，互相监督，共同进步。

# 8 未来可期
## ——我的未来

维度 悦己

## 知识要点

《国家职业教育改革实施方案》的出台正在纠正家长和学生对职业高中的偏见。

《国家职业教育改革实施方案》指出："职业教育与普通教育是两种不同的教育类型，具有同等重要的地位。"该方案在提升一流人才培养与创新能力战略任务中提出，"加快发展现代职业教育，不断优化职业教育结构与布局""推动职业教育与产业发展有机衔接、深度融合，集中力量建成一批中国特色高水平职业院校和专业""引导高等学校和职业学校及时调整学科专业结构，加强创新人才特别是拔尖人才的培养，加大应用型、复合型、技术技能型人才培养比重"。这体现了职业教育和普通教育同等重要的地位和作用。

## 故事分享

### 明明的困惑

正在读初三的明明对 STEM 课程（科学、技术、工程、数学）很感兴趣，喜欢研究机器人，还曾经代表学校参加 FRC 机器人比赛。他现在感到十分苦恼，因为他的文科成绩很差，他的各科总分在普通高中录取分数线上下徘徊。一方面，他很担心考不上高中，要读职业高中，仿佛低人一等的感觉；另一方面，他认为假如读职业高中则可以选择喜欢的研究机器人的专业，不需要受到文科学习的羁绊。为此，他陷入了苦思。

◆思考与讨论◆

　　通过明明的困惑，引出本节课的主题，深入了解普通高中和职业高中的不同，探索适合自己的道路。

💡 活动体验

### 探索活动：普通高中 VS 职业高中

通过理性的分析，对普通高中和职业高中的区别形成正确的认识。

**活动流程：**

以小组为单位，根据课前采访获取的信息，分析普通高中与职业高中的差异，并填写下面的表格。

**普通高中与职业高中对比**

| 类别 | 普通高中 | 职业高中 |
|---|---|---|
| 学习内容/科目 | | |
| 上学作息时间 | | |
| 兴趣培养 | | |
| 课外活动 | | |
| 寒暑假规划 | | |
| 毕业走向 | | |

### 探索未来之路

根据自身的特点和实际情况，探索未来的选择。

（1）请你思考以下问题，并说明理由。

①目前自己七科总分能否达到普通高中的统招分数线？

②在了解了新高考政策后，你是否会对选择的学科感兴趣，并且努力学习，取得好成绩？

③你是否有与社会需要相关的兴趣爱好？

④职业高中以实践为基础的教育方式是否适合你？

⑤职业高中教育中有你喜欢的专业吗？

通过以上的思考，目前我认为_____更适合我。在初中阶段，我可以从以下几个方面为自己的未来做准备。

A.

B.

C.

D.

（2）请列举你喜欢的普通高中或职业高中的相关信息。

### 我向往的学校

| 学校情况 | 相关信息 |
| --- | --- |
| 学校性质 | |
| 学校地址 | |
| 校园环境 | |
| 学习氛围 | |
| 办学特色 | |
| 师资水平 | |
| 校训校徽 | |
| 吸引我的方面 | |
| 其他你在意的信息 | |

### 素养习得

在科学上没有平坦的大道，只有不畏劳苦沿着陡峭的山路攀登的人，才有希望达到光辉的顶点。

——马克思

经常不断地学习，你就什么都知道。你知道得越多，你就越有力量。

——高尔基

# 9 举一反三

## ——会学习，有妙招

## 知识要点

每个人的认知风格、生活习惯等差异都会导致学习风格的不同。引导学生认识自己的学习风格，为自己量身打造学习方式，既能够帮助学生提高学习效率，又可以提高学生在学习管理上的自我效能感，让学生学会自我管理，为自己的学习负责。

## 故事分享

小红的成绩在班里属于中等水平，她每次看到同桌小明考全班第一，都觉得很有压力，所以暗自给自己打气，要向小明学习。她默默地观察小明，要求自己像小明一样认真努力。

她发现，小明每天早上会很早起床到学校学习，班里很吵的情况下也会默读知识点，每天中午在别人午睡的时候，他一般会做题或者整理错题集。因此小红照搬小明的学习方法，给自己定了早上5点的闹钟起床学习、默读知识点，中午也不午睡，和小明一起做题。但是，小红很快就发现，她根本坚持不了，因为早上5点根本起不来，前几天勉强起床了也是哈欠连连，根本无法集中注意力学习。每天中午不午睡的话，下午也没有精神上课，她已经接连两次在课上打瞌睡被老师批评了。默读知识点的时候，小红还经常会被别人说话的声音吸引，唯一有效的就是养成了整理错题集的好习惯。

勉强坚持了一个星期之后，小红的精神状态越来越不好了，甚至开始怀疑自己是不是根本就不是学习的料，为自己的懒惰、贪睡而生气、无助。

小明也发现小红的状态不对，问了小红，才知道她在盲目模仿自己。小明说，自己之所以早上早起学习，是因为自己的生物钟就是早睡早起，每天晚上10点不到就困了，所以只能早起学习，而且自己在热闹的地方更容易静心学习，每天中午也没有午睡的习惯，所以才会养成这样的学习习惯。但是小红的生物钟习惯在晚上12点休息，而且晚上的学习状态更好，模仿小明早起学习只会事倍功半。经过这件事，小红认识到自己需要安静的学习环境，晚上学习更适合自己，课间闭目养神或者找一个安静的地方看书效果会更好。

听了小明的话，小红开始尝试调整自己的学习状态，慢慢找回了自己的节奏，让自己在状态饱满的时候学习，在需要休息的时候休息。

---

◆**思考与讨论**◆

你是否也有类似的经历，想学习"好学生"的学习方法，却发现"无法适应"？听了以上故事，你知道怎么调整自己的学习节奏了吗？

---

## 活动体验

### 发现我的学习优势

（1）放松冥想：请每个学生以舒服的姿势坐好，闭上眼睛，一边听着音乐一边跟着老师的引导语与进行想象。老师引导学生回顾自己在学习上比较擅长的方法。

（2）请学生将刚才放松冥想中联想到的5个最擅长的学习方法写下来。

（3）小组讨论这些学习方法和这种学习风格给学习带来的积极影响和消极影响。

（4）小组根据总结的积极影响和消极影响，讨论如何利用好自身的优势学习风格进行学习，提出学习建议，并派小组代表上台交流，与其他小组分享成果。

## 借力发力优化学习策略

根据前一个活动的讨论和发现，请你结合自身的学习风格、学习经验和学科特点，探索各个学科适合你的高效的学习策略。

### 学科学习策略

| 学科 | 学习策略 |
|---|---|
| 语文 | |
| 数学 | |
| 英语 | |
| 道德与法治 | |
| 历史 | |
| 物理 | |
| 化学 | |
| 生物 | |
| 地理 | |

让学生在学习过程中将相应的学习策略实施两周，再跟进，针对问题调整相应的学习策略。

## 素养习得

### 给视觉型学习者的建议

（1）用笔写下你所要记住的内容，例如数据、日期等。

（2）当别人讲话时，注视对方，这样你能更专心。

（3）要选择安静的地方学习。但是，许多视觉型学习者在背景音乐中也能做数学题。不理解老师讲解的要点时，要请老师再解释一遍，可以直接对老师说："请您再重复一遍，好吗？"大多数视觉型学习者能够很好地自学。

（4）做大量的听课笔记。笔记未做全的地方要向同学或老师借笔记，补全笔记中的遗漏部分。

（5）整理听课笔记，有助于巩固知识。

（6）用不同颜色标示出笔记、课本、教辅材料中的要点。

（7）每次看书之前，要设定时间，并把时间安排写下来放在眼前。如"7：00—7：30 读完第一章"。

（8）在预习新的内容时，先浏览所有的插图及小标题。

（9）如条件允许，选择远离门窗的前排座位。

（10）在小卡片的正面用彩色笔写上词汇，卡片反面写上简短的解释。要经常背诵，并进行自测默写。

## 给听觉型学习者的建议

（1）找一位学习伙伴，可以大声说话及聆听信息。

（2）大声朗读与背诵所要记忆的内容。

（3）询问老师你是否能将笔头作业录制成音频文件上交给他或向他口头报告。

（4）将讲座内容录音，或者将笔记内容录音。做内容小结是很好的方法。考试之前，把这些音频文件听三遍即可。

（5）阅读章节之前，先看看所有的插图及小标题，然后大声说出你对这一章的主要内容的理解。

（6）在小卡片的正面用彩色笔写上词汇，卡片反面写上简短的解释。要经常大声朗读，并进行背诵自测。

（7）每次看书之前，要设定目标，自己告诉自己要干些什么。如

"首先，我要看历史书"。

（8）条件允许的话，要多朗读。即使在安静的图书馆里，也可以采用默读的方式，因为你需要眼见、耳闻。

（9）做复杂的数学题时，使用图表简化题目。使用不同的颜色及几何图形标出笔记、课本、教辅材料中的要点。

## 给触觉型学习者的建议

（1）看着索引卡片或小纸条，一边来回走动，一边记忆需要背诵的内容。

（2）读课文之前，先看看插图，然后再阅读小结及课后问题，接着读小标题及黑体字。通过读课后问题，可以对文章有大致的了解，最后仔细阅读文章。这是一种由整体到局部的读书方法。

（3）上课时，如果烦躁不安，可以用手捏捏网球、转转笔，但是不要发出噪音，不要影响他人。

（4）坐在书桌前的学习也许并不适合你。如果在家，可以躺着或趴着学习，还可以边听音乐边学习。

（5）可以不断尝试，采用你最喜欢的颜色的纸做桌面纸。这种背景颜色有助于你集中注意力。

（6）学习时要劳逸结合。每隔 20～30 分钟要休息 5 分钟（这期间不要看电视，打电话），这样学习效率更高。

（7）背诵时，可以闭上眼睛，一边在脑海中呈现，一边用手在空中或桌上比划，也可以自言自语。回忆这些内容时，可以用心灵去想象，用耳朵去聆听。

# 10 有劳有逸
## ——为自己"加油"!

维度　文雅

## 🌱 知识要点

　　休息分为三种形式：积极休息、消极休息和自然休息。积极休息就是通过改变活动方式来达到休息目的，如课余时间去散散步、下下棋、欣赏音乐、参加体育锻炼等。消极休息是指单纯通过停止活动来解除疲劳的一种休息方式，如做题做得太累了，闭上眼睛静静地休息一会。自然休息就是睡眠，一个人睡眠不好，他就休息不好。

## 📖 故事分享

### 快没油了

　　"我快没油了，你明白我的意思吗？"他说。

　　我立刻明白了他的意思：他的油箱快空了，燃料也快用完了，他也没什么可给的了，而那些油也维持不了多久。他处于极度需要加油的境地，而且是急匆匆地加油。

　　"如果你的油箱是满的，情况会有什么不同？"我问。

　　"这就像你要去乡间长途旅行，"他回答，"如果你有足够的储备去完成你想要完成的任务，你就会感到自信和安全，可以继续享受开车的乐趣，不用担心你是否能成功。但是，如果你出发时没有必要的储备，你的油箱快没油了，你的大脑会不断担心到下一个加油站还有多远，你是否能到达，所以你无法享受这段旅程。"

◆思考与讨论◆

从这个故事中你领悟到什么？

◆小贴士◆

我们每个人就像一辆车，如果没了油，没了精力，就会感到疲惫，无精打采，心不在焉，失去活力……这时，就需要我们为自己"加油"，学会休息，做到张弛有度，劳逸结合。休息是人类赖以生存的必要条件，也是人类正常工作、学习和生活的保证。

## 活动体验

### 磨刀不误砍柴工

教师向学生出示材料一和材料二。

**材料一：名人时间安排表**

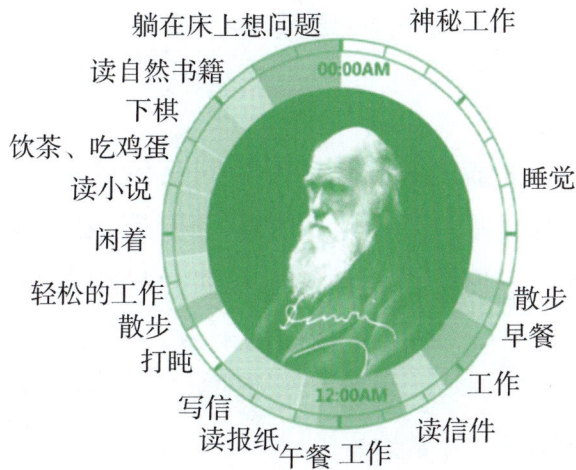

躺在床上想问题　神秘工作
读自然书籍
下棋
饮茶、吃鸡蛋
读小说　　　00:00AM
闲着　　　　　　　　睡觉
轻松的工作
散步　　　　　　　　散步
打盹　　　　　　　　早餐
　　　　　　　　　　工作
写信　　12:00AM
读报纸　午餐 工作　读信件

达尔文的时间安排

**贝多芬的时间安排**

**柴可夫斯基的时间安排**

**材料二：**

有位学生总是羡慕他的同桌。因为同桌仿佛永远也不知道疲倦，上课时全神贯注地听讲，课间也不休息，成绩总在班级前十名。他也想像同桌一样刻苦，但是课间他总要玩耍，只能在晚上回家后学习，每天晚上学到深夜十一二点。一段时间下来，他的成绩不仅没有提升，反而后退了许多。他的身体也发出警告信号，睡眠不足，上课无精打采，免疫力也下降了，经常感冒。

◆思考与讨论◆

你一天的时间是怎么安排的？请绘制属于你的时间分配图。

观察你的时间分配图后再思考：是什么让你的"油箱"快没油了呢？"油箱"没油了，会给你带来什么影响？

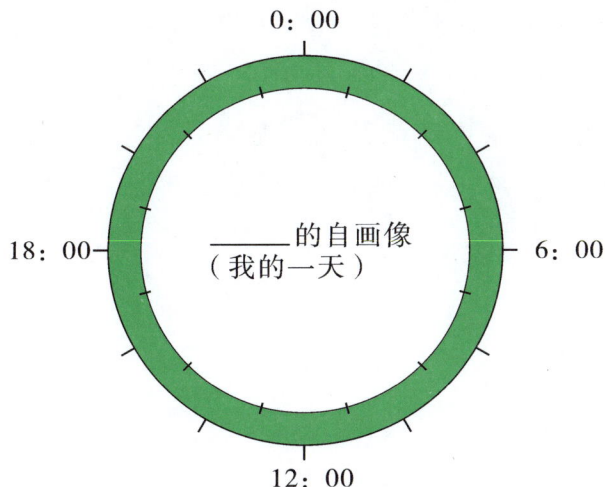

0：00

18：00

6：00

_____的自画像
（我的一天）

12：00

◆小贴士◆

休息对于学习和工作是同等重要的，能为下一步的学习和工作提供动力。列宁曾说："谁不会休息，谁就不会工作。"可见，学会休息很重要。

## 素养习得

### 调整"油滴"卡

除了懂得正确休息的方法外，我们还需要合理调整自己的目标和节奏，学会为自己减压，恢复精力。请你调整你的"油滴"卡，上台把有效的"油滴"贴在"油箱"里。

◆小贴士◆

"油箱"快没油了，除了需要我们停下来休息，为自己"加油"，我们还需要看看自己是否承担了超出合理能力或应该承担的工作量？自己是不是"贪多嚼不烂"？另外，为自己"加油"，还需要我们在做这些事情时更好地调整自己的节奏，明智地使用自己的精力，让精力有一个更科学的消耗方式。

## 九年级

# 11

# 智勇双全
## ——勇气与智慧并存

维度　勇敢

## 🌱 知识要点

　　勇气是人类面对困难时所展现的良好品质，勇敢的人不会被挫折击败，反而可以更坚定其信心。那么，给自己一些勇气，眺望未来的希望，做好一个个规划的起始，更完美地走好每一步，使自己的人生旅途充满爱的足迹。

## 📖 故事分享

### 独自航海

　　最近我收到一封同事的邮件，她的整个职业生涯都是一名学者、大学心理学讲师。她热爱她的工作和研究，并且已经达到了教授的水平，但发现在一个相当保守的学校工作对她的创造性思维会形成严重的限制。她和我讨论：她想要辞去工作，自己做研究。这将是一个挑战。她要为了一个经济前景不确定的未来，而放弃一份有稳定收入的工作。她是这个家庭的主要收入来源，还要承担抵押贷款、孩子的学费和养家糊口的日常责任。但她为了自己的幸福，最终也为了家庭的幸福，决定放弃她的稳定工作。

　　在邮件中，她说："经过这么多年，我终于结束了大学教学生活。我很感激能从大学的孤岛上解脱出来，尽管这意味着，我将独自搭乘人生的帆船在海上航行。我希望很快就能看到新的陆地。"

◆思考与讨论 ◆

你觉得这名大学心理学讲师是一个怎样的人？结合上述材料，说说什么是勇气？

◆小贴士 ◆

通常，我们会认为有勇气就是不害怕，其实，有勇气并不仅仅如此，它还表现在虽然害怕，但还是敢采取行动。所以，勇气是面对，是主动，是坚持，是真诚，是信任，是爱……生活中有和风细雨，也有激流险滩。在我们的成长经历中，每个人都有战胜自己的时候。

## 活动体验

### 我的勇气故事

假如我们把那些曾经战胜自己的时刻，比喻成我们的"勇气之盾"，那么，我们可以把自己想要改变的带给我们恐惧感的事情或想要挑战的事情当作"勇气之矛"。现在，请你把自己所惧怕或想要挑战的事情写下来。然后想想在接下来的日子里，你可以如何运用"勇气之智"去改变它，挑战它。完成后在小组内轮流讲述各自所惧怕或想要挑战的事情，并说说你的行动计划。

**我的勇气故事**

| "勇气之盾"<br>曾经战胜自己的勇气时刻 | "勇气之矛"<br>所惧怕或想要挑战的事情 |
| --- | --- |
|  |  |
| "勇气之智"<br>我的行动计划 | |
|  | |

◆ **小贴士** ◆

有的勇气，表现为在危险情境下的勇敢行为；有的勇气，表现为击败内心争战；有的勇气，表现为敢于迈向未知的领域；有的勇气，表现为战胜各种困难，实现自己心中的目标。

## 牛刀小试

遇到以下情景，你会怎么做呢？为什么你会做出这样的反应？请以小组为单位进行分享。

情景一：中午在学校食堂打饭时，被其他同学插队了，我会

_____。

情景二：英语期末考试时，发现坐在我旁边的两位同学在传"小抄"，我会_____。

情景三：在放学回家的路上，我被两名陌生人堵截，他们恶狠狠地向我要钱，我会_____。

◆小贴士◆

在日常生活中，我们可能有过犹豫和害怕，特别是面对一些不公平的现象或违法犯罪行为时，除了要有勇气，我们还需要用智慧去应对，这也就是我们常说的"有勇有谋"。

## 素养习得

### 歌词改编

组织学生对歌曲《勇气》（选段）进行歌词改编。

爱真的需要勇气，

来面对流言蜚语。

只要你一个眼神肯定，

我的爱就有意义。

_____真的需要勇气，

来面对_____。

只要_____，

就有意义。

## 九年级

# 12 与时俱进
## ——社会发展我同步

## 🌱 知识要点

　　青少年的责任意识影响着国家未来的发展，社会责任心也是青少年道德发展、心理素质培养的重要内容之一。在我国当前经济快速发展和构建社会主义和谐社会的大背景下，青少年的社会责任感显得尤为重要，它不仅是青少年步入社会的必要素质，也关系到国家发展和社会进步。

## 📖 故事分享

### 人类命运共同体

　　老师向学生展示漫画《神奈氚冲浪里》。

　　2021年4月，日本政府不顾国内外质疑和反对，公然决定将福岛核电站核污染水排入大海，引起广泛批评。一位中国插画师"一个热爱学习的男孩"创作出《神奈氚冲浪里》（氚，又称超重氢，是氢的同位素之一，带有放射性）表示抗议。

　　当今国际形势特点是经济全球化、文化多样化和社会信息化等，在世界发生较大事件时，单个国家能置身事外，甚至"闭关自锁"，只顾及自己国家的利益吗？

　　面对世界日益复杂的形势和全球性问题我们无法"两耳不闻窗外事"，而是应该与全球各国人民共同构建人类命运共同体。

人类命运共同体旨在追求本国利益时兼顾他国合理关切，在谋求本国发展中促进各国共同发展。合理关切是正当的利益。

◆ 思考与讨论 ◆

构建人类命运共同体，我们可以做些什么呢？

**活动体验**

### 我与社会发展同步成长

老师引导学生思考在"人类命运共同体"的大趋势下，学生通过正确途径获取信息，有意识地在学习和生活中培养自身的适应未来发展的能力。

（1）老师整理最近的时事社会热点 10 题，进行小组抢答（老师肯定学生关心时事的行为，顺势引出我们要与社会发展同步成长，才能更好地适应社会）。

（2）小组讨论：我们要适应未来社会，需要什么样的能力？为什么需要这种能力？一人记录。

**适应未来社会的能力**

| 适应未来社会需具备的能力 | 原因 | 举例 |
|---|---|---|
| 创造力 | 唯有不断创新才能不被社会淘汰 | "小熊"电器了解人们的实际生活需要，不断创新，发展越来越好 |
|  |  |  |
|  |  |  |
|  |  |  |

（3）小组代表分享。

（4）老师小结：为了让我们未来能更好地适应社会，我们选择的专业方向和有意识培养的能力就需要符合社会的需求，那么如何了解社会需求呢？（推动学生思考培养人才与了解社会时事的关系）

## 📊 素养习得

### 学号五连答

五位学号相近的学生说出平时了解社会时事的途径。老师小结，要从正当途径获取信息，不传播未经证实的信息，遵守社会规则等。

老师从疫情防控期间人们居家抗疫一事，让学生们回忆自己在此过程中的行为，如少出门、勤洗手、戴口罩等。自觉遵守抗疫要求，对"公共"的责任与义务就是现代社会要求的公民精神的一种体现，也能帮助我们更好地适应未来社会。

老师总结整节课，对学生关心时事热点的途径，在学习和生活中培养相应能力的方法等作出更明确的指引。

课后作业：学生每周在周记本上写下一周内发生的时事热点，并写下自己的看法。老师每天安排一位同学在早读前读新闻。

# 13 生命如歌
## ——生命的声音

仁

维度 爱人

## 知识要点

随着工业和科技的不断进步，人类逐渐克服了自然对人类生存的种种限制，生产力不断提高，积累了越来越多的物质财富。人类对于其他物种的态度，从谦卑转变为高傲，甚至有了全能感和"世间万物，唯我独尊"的想法。这种偏颇的自我认知与定位，导致人类对于其他物种缺乏同理心，甚至出现残酷猎捕和剥削野生动物的行为。

这种全能感和"唯我独尊"的想法，不利于青少年同理心的培养，也不利于青少年谦卑品格的培养。

## 故事分享

### 地球的珍宝

地衣中的"大熊猫"金丝刷，寄生于海拔3 600～4 600米的枯树枝干之上，或长于岩石表面。它们像迷你版的灌木丛，直径为2～5毫米，一棵长10厘米的金丝刷，可能需要数十载的时光才能长成，因此金丝刷数量稀少，堪称地衣中的"大熊猫"。地衣最大的特点就是具有极为缓慢的生长速率和相当长的寿命，一些地衣甚至被人们称为时间色素，有学者甚至可以通过测定某些地衣体的直径或面积大小来研究年代及冰川的年龄。

湟鱼，是青海湖特有的物种，被称为"一生不停地逆流而上的鱼"。每年春天来临时，湟鱼会沿着连通青海湖的河流逆水而上，开启一场全种族的生命大迁徙。作为在高海拔、低水温生活的鱼类，湟鱼生长速度非常缓慢，体重每增加 500 克往往需要 10 年左右。

黑颈鹤是世界上 15 种鹤中发现最晚，且唯一栖息在海拔 3 000 ~ 5 000 米高原上的鹤种，也是中国特有的鹤种，人称"珍禽之冠"。每年的 3 月中下旬，黑颈鹤从云贵高原越冬区迁徙到青海。黑颈鹤一般在 5 月产卵孕育后代，经过 30 多天的轮流孵化，幼鹤出生。黑颈鹤繁殖能力很低，对来之不易的幼鹤也是加倍珍爱，被称为"鸟类中最慈爱的父母"。

◆思考与讨论◆

在了解到这些既神奇又美丽的生物后，你有什么想法呢？你认为应该如何保护它们呢？

## 活动体验

### 身边的自然

**活动目的：**

通过推动学生去寻找身边的自然并展示合作成果，引导学生亲近自然，激发学生关心爱护自然环境的情感和对生命的热爱之情。

**活动流程：**

(1) 每组不超过 4 分钟，介绍本组的合作成果。

(2) 每组有两票选投心目中喜欢的作品的机会，可以投给自己的组，但不能投给同一组。组内讨论 1 分钟确定后，在选票上写下小组组号，进行投票。

(3) 老师公布投票结果，肯定大家的成果。

## 自然与人类的对话

**活动目的：**

通过表演，引导学生去探讨人类与自然和平相处的方式，体验生命的坚强，唤醒对生命的尊重与热爱。

**活动流程：**

（1）组内进行控时 3 分钟表演，一人或多人扮演今天课堂上分享的某种生物，模拟自然的声音，用语言说出它们想表达的内容，组内另一人扮演人类，与之对话。（3 分钟）

（2）请部分小组在班内表演。（3 分钟）

（3）请各组推选组内一人对主题活动进行小结。（4 分钟）

**意外情况：**

（1）学生不清楚表演方式——老师在各组进行点拨。

（2）学生用时较多——老师打开计时器提醒。

### 📊 素养习得

1. 主题升华：生命的声音让我们感受到了生命的珍贵，激励学生继续去寻找自然中美丽的生物，在行动上要爱护自然，让人类与自然和谐相处。

2. 学生在作业单上写出本区域周边的公园或自然景观。老师在 PPT 上展示本区域的中大型公园和自然景观地点。

3. 课后作业：学生与家人一起游玩某公园或自然景观，与家人分享自己学到的相关生物知识以及对生命的积极看法等。

4. 意外情况：时间可能过长，老师要把控时间。

# 14

## 多彩人生
### ——规划精彩人生

维度  悦己

## 🌱 知识要点

青春期的学生会开始追求个性化，希望自己是独树一帜、与众不同的那个人，因此，很多学生可能会出现奇装异服或非主流的追求。其实这个过程也是青少年在追求自己人生意义的过程，他们渴望通过个性化的追求找到自己的人生价值。在这个阶段，老师可以通过赋予青少年更多的使命感和价值感，帮助青少年寻找积极向上的个性化追求。

## 📖 故事分享

**猜一猜：这位少年是谁?**

**材料一：**

有位少年在青年时代就立志报国，献身革命。他在中学读书时，同学称他"身无分文，心忧天下"。1914 年，他在长沙第一师范读书时，全部生活费用的三分之一花在订报上，铺盖和衣服非常单薄。他与同学提出"三不谈"：不谈金钱、不谈身边琐事、在校期间不谈恋爱。他认为改造世界对学问知识的需要太迫切了，一定要珍惜宝贵的青春，把时间和精力花在有价值的事情上。

**材料二：**

20 世纪初，在沈阳的一所学校中，校长问同学们："你们为什么读书？"课堂顿时寂静无声。停了片刻，一位同学毕恭毕敬地站起来回答："读书为了寻求生路。"话音刚落，另一位同学说："为了光宗耀祖！"这时，又一位同学从座位上站起来。他昂首挺胸地大声回答道："为中华之崛起而读书"当时这位少年年仅12岁。

**材料三：**

哥德巴赫猜想一直被看作数学王冠上的明珠。200多年前，有不少科学家试图征服它，耗费了巨大的精力，却都没有成功。有位中国少年上中学就暗暗立志摘取这颗明珠，他把它当作自己的事业和理想。他拼命积累知识、奋力演算难题，草稿纸装了一麻袋又一麻袋。最后，他终于用自己的智慧和理想的合力，移动了数学群山，摘取了数学王冠上这一璀璨的明珠，发明了以他的姓氏的定理。

（答案：毛泽东、周恩来、陈景润）

◆**思考与讨论**◆

这三个人物在少年时期就立下了自己的人生追求，那你们的追求又是如何的呢？

## 活动体验

### 现场调查：说说你的人生追求

A. 努力学习，考上理想的高中；B. 有漂亮的外貌和好身材；C. 将来有很多钱；D. 将来有一个幸福的家庭；E. 将来有一份理想的工作；F. 有一些忠实的朋友；G. 拥有一个健康的身体；H. 做一个诚实的人；I. 有机会帮助别人；J. 其他，请补充：_____

**教师归纳：**

追求，就是用积极的行动来争取实现某种目标。努力学习、帮助他人是追求，争取人缘也是追求。有的人追求知识，有的人追求事业，有的人追求高尚的品格，有的人追求远大的理想。人生是丰富多彩的，人生目标也是多种多样的，只要是积极的，对社会、对他人有益的，都值得我们尊重和倡导。我们不奢望每个人都要定下当科学家、当宇航员的目标。可是，我们可以为自己定下符合自己个性追求的发展目标。

**意外情况：**

若学生补充的人生追求是负面的、消极的应引导学生想想这个追求中有什么积极的人生意义。

## 我的人生我设计

**活动流程：**

（1）学生自由填写自己的人生目标设计卡。

### 我的人生我设计

| 一生的目标 | |
| --- | --- |
| 初中阶段的目标 | |
| 一个学期的目标 | |
| 一个月的目标 | |
| 一周的目标 | |
| 一天的目标 | |

为了实现以上目标，我要努力做到：

我的激励名言：

设计者：<br>设计时间：

（2）学生分享。

（3）教师归纳：著名心理学教授史蒂文·里希指出：将目标分解成若干个可以实现的部分，不但能增加立竿见影的效果，而且能减少付出的代价。

📊 素养习得

**学习目的：**

引导学生必要时根据实际情况适时调整自己的目标，以缩短目标与现实的距离。

**学习内容：**

（1）想一想：以下两人的目标有什么变化？这给我们什么启示？

鲁迅（弃医从文）；孙中山（弃医从政）

（2）学生回答，教师归纳：目标设立后，我们还要根据自己的能力、兴趣等实际情况适时调整自己的目标，缩短目标与现实的距离。

（3）超越梦想一起飞，不管实现目标会经历多少磨难，相信我们一定能克服，让我们一起高唱《我相信》这首歌来结束本次的主题学习。

# 15 各美其美

## ——美者无畏，善者无缺

维度 文雅

## 🌱 知识要点

美者生存这一观点并不认同人只是为了生存资源而生死相搏、优胜劣汰，而是将健康繁衍与种群延续放在一个意义与审美的共同选择基础之上。正是在这样的"美者生存"的选择机制下，人类产生了合作、沟通、同情、关怀、爱慕、理解、善良、道德、智慧等让人类超越其他生命体、成为"人"的人性。

## 📖 故事分享

### 美就在身边

法国雕塑家罗丹说："美是到处都有的。生活中不是缺少美，而是缺少发现美的眼睛。"的确，生活中的美无处不在，只是我们没有去发现它们罢了。

生活处处存在着美。你看，学校的清洁工每天早早起来打扫卫生，不怕苦，不嫌脏，日复一日地为我们的校园增添着光彩。她们整天为了保持干净整洁的校园环境而辛勤劳动，而有的学生却嘲笑他们。而她们仍旧从后门悄悄地走进教室，倒掉教室里的垃圾，再悄悄地离开教室，礼貌地关上门。我们身边的清洁工难道不美吗？

生活处处存在着美。你看，讲台上的老师每天都要为我们的学业操劳。早上，他们起得比谁都早；晚上，他们睡得比谁都晚。他们这样做是为了什么？金钱？荣誉？也许是为了自己，但更多的是为了作为学生的我们。有的老师身兼多职；有的老师身上带有病痛；有的老师为学生鞠躬尽瘁……而有的学生却不理解老师的良苦用心，随便给老师起外号，随便侮辱老师。站在老师的角度去想想吧！换个态度去看待老师吧！他们的所作所为，终归是为了我们。我们身边的老师难道不美吗？

生活处处存在着美。想想我们为何能够是坐在这明亮的教室里学习？是父母给予我们生命，抚养我们成长，关心我们学习，为我们创造了这么好的学习和生活环境。每天回家，父母为我们做好饭菜，辅导我们学习，为我们操心。父母不是我们的卫星，整天围着我们转。有的人不孝敬父母，与父母赌气、闹别扭，这样做是愚蠢的。父母有自己的工作，我们应该学会理解他们，体谅他们。他们为了我们日夜操劳，头上生出丝丝银发；他们为了我们省吃俭用，呕心沥血地抚养我们成长……我们身边的父母难道不美吗？

学会发现吧！去发现生活中的美，你会看到，世界是如此美好！

---

◆ **思考与讨论** ◆

你认为什么是"美"？谈谈你身边的美。

---

## 活动体验

### 寻找身边的美丽

生活中从不缺乏美，只是少了欣赏的目光。美无处不在，美就在我们身边。请学生以小组为单位来一场"寻找身边的美丽"探索活动。

**活动规则：**

（1）全班分小组，每小组 6 ~ 8 人。

（2）用 15 分钟在校园内寻找大自然的礼物，例如树叶、泥土、树枝、花朵等作为素材，并带回教室。

（3）以小组为单位进行创作，在 A3 纸张上把小组成员寻找到的物品进行二次创作，形成一幅艺术作品。

给这幅作品起一个好听的名字，并简单说说你的创作理念。

◆思考与讨论◆

通过这个活动，你是否有新的思考或收获呢？可以和组员一同分享。

## 素养习得

### 用美来装点学习生活

播放一段优美的音乐，让学生伴随着优美的音乐回想在过去的学习时光中，发现美的时刻。在接下来的学习生活中，请学生带着发现美的眼睛，在学习中发现美，创造美。

学生在之后的一周内将发现和创造的美记录在周记本上，并和全班一起分享。

# 16 齐头并进
## ——竞争与合作

维度 悦己

## 🌱 知识要点

青春期的孩子的自我意识高涨，其表现形式之一就是个性上的主观偏执性。一方面，他们总认为自己是正确的，听不进别人的意见；另一方面，他们又感到别人似乎总是用尖锐挑剔的态度对待他们。在这个阶段，引导学生在团体中正确评价自我，在竞争与合作中采用积极的态度、发现优势的视角进行自我评价非常重要。

## 📖 故事分享

### 小小的心安草

国王有一个非常漂亮的皇家花园，他每天都要到花园里散步。有一天，当他照例到花园中赏花的时候，不禁大惊失色。往日百花争艳的灿烂景色消失了，满眼全是萧条、枯萎与荒凉。在这充满死亡气息的地方，国王的眼睛忽然一亮，他看到最纤细、最柔软的心安草却生机勃勃。

国王不禁问道："小小的心安草，为什么别的植物都枯萎了呢？"

心安草回答："亲爱的国王，橡树因为比不过松树的高大挺拔而死，松树因为比不过葡萄能结果而死，葡萄因为不能像橡树那样直立并开出美丽的花朵而死，牵牛花因为比不过紫丁香的芬芳而奄奄一息，紫丁香因为没有牵牛花的花朵大流泪而死。"

国王说："既然是这样，为什么你还如此生机勃勃呢?"

心安草答道："因为我不想和其他的植物相比，我只是想做一棵貌不惊人的小草，所以我保持了盎然的生机。"

◆**思考与讨论**◆

　　班级犹如这个皇家花园，大家也在互相比较中学习、生活，比较会带来什么样的后果?这种比较是利于我们的成长还是有害于我们的成长?

◆**小贴士**◆

　　人总是在攀比中丧失自信，从而郁郁寡欢，而人又总是拿自己的劣势与别人的优势比较，即使不在相同的水平线上，也要一较高低。何必要把自己比较得一无是处呢?每个人都有自己独有的特点，还是珍惜自己的个性吧!相互的比较下带来的竞争胜利，会带来更多的互相消耗、互相伤害。

## 活动体验

### 火海逃生

**活动内容:**

准备一个窄口的烧瓶、一个支架、一个酒精灯。

找来10根绳，每根绳的一端都系住一小块巧克力，将巧克力依次放入瓶中，绳子的另一端邀请10位学生握住。

每块巧克力代表每一个学生，大家住在一所大房子——窄口瓶里。有一天发生了火灾(点燃酒精灯)，大家迫不及待地逃生，老师喊

"开始"，请 10 位学生想办法逃出来。时间就是生命，大家要在 1 分钟内撤离。

**活动要点：**

烧瓶瓶口窄小，如何在没有事先沟通的情况下快速协调并依次抽出巧克力是活动的关键。

◆**思考与讨论**◆

有没有生还者，能不能有更多的生还者？1 分钟内，大家用什么方法逃离？这个结局对你有什么启发？

## 拼出精彩

老师课前把 8 张海报剪成若干碎片分给各组，标示出各组要完成的拼图任务（图案由老师提前根据自己裁剪的碎片任意组合）。

完成任务时长为 5 分钟，各组组员按拼图任务进行拼图。

时间到，观察各组的完成情况，并请各位组派代表分享完成过程的感受、经验、反思。

重新进行游戏，老师重新收集碎片，并调换不同的任务安排到各组。任务完成后再次请各组代表分享完成任务的感受，引导学生从主动互助、乐于奉献的角度分享。

## 素养习得

## 寓言故事

在一个房间中央摆放着一大锅美味的食物，周围坐着一群瘦骨嶙峋的人，他们手里都有汤匙，却都愁眉苦脸地不吃眼前的美食。原来，汤匙的柄太长，谁也无法将汤舀到自己嘴里，所以他们就选择不吃。请大家推测一下他们的心理。

# 17 赤子之心
## ——善良的价值

仁

维度 爱人

## 知识要点

助人行为是发生最早的亲社会行为，是比较容易习得的行为。如何增加助人行为，主要有以下几种方式：

第一，树立榜样。

第二，做出具体的帮助行为。有研究发现，不道德的行为能滋生不道德的态度，而帮助行为能进一步增加帮助意愿，因此，可以通过引导学生做出具体的助人行为，来培养学生的助人品质。

第三，促进内在动机。奖励人们本来就会做的事情可能会削弱其内在动机，老师需要对学生的良好行为给予恰到好处的反馈，引导他们发掘做这些事情时得到的快乐，而不是奖赏。

## 故事分享

### 一个口罩

有一天，李老师去坐公交车，车上人不多，这时上来一个人，没有戴口罩。司机说按规定没有戴口罩就不能坐车，这个人说自己有急事，赶时间，他的神情很焦急。刚好李老师袋里有一个备用的新口罩，就给了他。他很感谢李老师，说他要到新单位去报到，不能迟到。李老师没有想到一个小小的举动会帮助到别人，他那一天都感觉特别好。以后回忆这件事的时候，李老师仍能感觉到这种情绪，会留意身边的人，在他们有需要时，及时伸出手去帮助他人。

◆思考与讨论◆

为什么李老师会感觉这么高兴？你能形容这种情绪对李老师的影响吗？

## 活动体验

### 善良的价值

你在日常生活中，一定有帮助过别人的经历。现在，请你回想一件你印象最深刻的、让你有愉快情绪体验的助人经历，回忆你当时的情绪是怎样的，把你的心情画到纸上。你可以画当时的情景，也可以只是用某一个物品、某一种色彩、或者某一种抽象的画面来表现，尽量使这张纸的画面和谐，并且在组内说自己助人的经历和助人后的愉快感受。

◆思考与讨论◆

"勿以善小而不为"里蕴含着善良的价值是什么？善良是如何体现在我们帮助别人的一件件小事中的？

## 素养习得

### "善良的心情"笔记

请学生总结本节课感触最深的体会，如听到别人说的经历与心情后，自己有什么体会？接下来自己在助人行为上会改变吗？善良是无价的，也是一点一滴的小事积累起来的，如果每个人都愿意去表达这份善良，社会会更美好。

**课后作业：**

在心理本上做"善良的心情"笔记，即写下助人的事件、自己积极的心情、对自己的正面影响，从而促进个人有意识地去帮助他人。

# 18

**九年级**

## 了然于胸
### ——情绪健康维生素

维度　为乐

### 🌱 知识要点

人不可能没有情绪。人不是被程序设定好的机器人，没有人总是快乐的，也没有人是完全没有消极情绪的。因此，切断自身的某种情绪的产生是不可能的，要学会善待自己所有的情绪，当喜则喜，当悲则悲。同时，要保持积极的心态，懂得适度的消极情绪可以帮助我们适应突发事件，提醒我们在哪些地方需要做出改变，给我们动力，让我们获得成长的机会。如果没有消极情绪，当遇到不利情境时，我们或许已经像温水中的青蛙一样，慢慢地适应了这种处境，直到烫得受不了的那一天才意识到危险，但是已经晚了。值得注意的是，如果我们持续地处于消极的情绪状态中，则有可能危害身心健康，这就需要进行情绪调节。

### 📖 故事分享

#### 当生活糟糕的时候，大声笑出来

"生活真是糟透了，"艾玛在给我的信中写道，"愤怒无处不在，愤怒必须消失。我讨厌这样，我失控了，而我们的孩子却在忍受。我没有精力或感觉自己不在乎（但我很在乎）。我的孩子萨曼莎被人吼，被人推，被人戳，难怪她沮丧时不知道如何处理自己。我们家怎么样呢？我必须改变，否则为了孩子们，我将不得不离开。萨曼莎需要自

189

己的空间，随着年龄的增长，情况只会变得更糟。我不能让一切都保持在一起。我们可怜的宝贝萨曼莎。请让这一切停止吧！"

当我放下信时，艾玛含着泪说，她对萨曼莎的愤怒违背了她的所有原则，与她自己作为母亲的形象相冲突。这个主题她很难口头提出，所以把它写进了信里。

艾玛该怎么办呢？她有没有试着去控制这些她觉得无法控制的情绪？到目前为止，还没有对她起作用的东西。她有没有试着建立更强的力量感和控制感？不用心理学家也能看出艾玛感到压力、沮丧、愤怒和内疚。她的自我形象受到了打击。这不是她看待自己的方式，也不是她想要的方式。

然而，该如何帮助那些自我形象被如此粉碎的人，或者那些长期以来一直自我贬低或自我贬低的人去发现、承认并使用自己的长处呢？艾玛该如何学习持续的技能，才能使自己和她的女儿过上更平静、更放松、更幸福的生活？

如果一个人的自我形象和艾玛一样低，当你问他们擅长什么，或者他们的长处是什么，你很可能会得到消极的回答：我什么都没有，我是一个绝望的母亲，我不能控制自己的脾气……

通常，在发现自己的长处之前，我们更容易发现别人的长处。我们可以通过倾听别人的优点、能力或品质，询问别人的优点，或观察能说明优点的迹象，比如当人们讨论它们时，会有更大的热情和精力。

"如果你开始寻找萨曼莎身上的优点，你觉得自己可能会注意到什么？"我问，"也许你可以记下每天在她身上看到的三个品质。"

一开始，这个请求让艾玛很吃惊，因为我们关注的往往是我们看到的，而她一直关注的是萨曼莎消极的、有问题的行为。艾玛开始转移她的注意力，开始看到一个不同的孩子。她开始说萨曼莎的独立和决心是积极的品质。她越来越注意到萨曼莎的嬉闹、参与和笑声。和其他孩子一样，萨曼莎用更积极的行为来回应积极的关注，艾玛和萨曼莎的母女关系很快开始改善。

在艾玛发现萨曼莎身上的优点之后，她开始发现自己身上的优点，这是一个比较容易的转变。为了帮助她做这件事，特别是关于发掘她的母性力量，我问艾玛："你什么时候觉得自己是最好的母亲？什么时候觉得自己扮演的母亲角色真的很棒？什么时候觉得真实的自己在闪耀？"

她说："这种情况不常发生。"

我补充道："我不是问这种情况发生的频率，而是问当你遇到这种情况时，你会有什么样的感觉。"

"我猜是有爱心的，"她说，"当一天还不算太糟的时候，我躺在萨曼莎身边给她读故事，感觉她在我的怀里睡着了。"

"有没有其他当你对自己作为一个母亲的角色感到非常满意的时候？"我询问。

"好玩的时间。有时我们只是玩玩而已，萨曼莎做的那些有趣的事情让我大笑不止。"

通过寻找她的家庭和她自己的优点、品质、积极方面，艾玛能够从认为生活糟透了的想法转变为意识到大笑是什么感觉。

（源自［加］塔亚布·拉希德、［美］马丁·塞利格曼著，邓之君译：《积极心理学治疗手册》，北京：中信出版社，2020年）

◆**思考与讨论**◆

1. 故事中，艾玛面对生活中让她非常无助、失控的问题时，作者的建议是什么呢？

2. 你在生活中是否也尝试过这样做？如果有，可以分享一下经验吗？如果没有，你觉得这种方法可以帮助你解决问题吗？

## 💡 活动体验

### "情绪雕塑"

全班分小组进行活动，每组 4~6 人。

老师请每位学生安静地想一想自己在近期的某个经历中（最好是集体共同经历的事情，比如考试、校运会）有哪些收获，能否用一个动作来表达自己的情绪。

从中挑选几个小组的同学依次在全班展示，摆出各自的动作，与其他组员配合在一起，形成动作造型。

---

◆思考与讨论◆

请每一位组员分别说说自己所摆的动作有什么含义，想要表达哪些情绪？为什么会有这种感受？

---

◆小贴士◆

在近期的经历中，每位学生的情绪和感受可能是不一样的，有的可能会感到很愉悦，有的可能会沾沾自喜，有的可能会无动于衷，有的可能会化悲愤为力量，有的可能会大受打击而萎靡不振……那么，我们应如何看待上述各种情绪呢？我们能不能否认或强迫自己消除这些消极情绪呢？消极情绪对我们有用吗？

### 情绪健康维生素

每组选取一个组员展示的让人印象深刻的或典型的"情绪雕塑"为故事情境，并思考有什么办法可以帮助该组员合理地调节情绪？

小组讨论，把意见写在"情绪健康维生素"上。

小组上台分享，并把"情绪健康维生素"贴在黑板的"情绪健康维生素瓶"里。

◆小贴士◆

学生可以通过改变认知评价（如觉得这件事情让自己很烦恼的时候，对自己说："这是一个正常的心理保护过程，你有我有大家有"）、转移注意（做自己感兴趣的事，如做运动，听音乐等）、合理宣泄、进行放松训练（如深呼吸）等方法调整自己的消极情绪。

## 素养习得

### 合理宣泄

以下的情绪宣泄或表达方式是否合理？请说明理由。
A. 酗酒；B. 暴饮暴食；C. 打架；D. 找人倾诉；E. 哭泣

**主题升华：**

消极情绪需要宣泄，但是一定要在道德和法律允许的范围内进行，并且既不能伤害自己的身心健康，也不能伤害他人和集体的利益。

**教师总结：**

希望每个学生能善用本节课收获的各种"情绪健康维生素"，在生活中学会强化自己的积极情绪，调整自己的消极情绪。

# 附　录

## 中小学心理健康教育指导纲要（节选）
### （教育部 2012 年修订）

**初中年级教育内容：**

（1）帮助学生加强自我认识，客观地评价自己，认识青春期的生理特征和心理特征；

（2）适应中学阶段的学习环境和学习要求，培养正确的学习观念，发展学习能力，改善学习方法，提高学习效率；

（3）积极与老师及父母进行沟通，把握与异性交往的尺度，建立良好的人际关系；

（4）鼓励学生进行积极的情绪体验与表达，并对自己的情绪进行有效管理，正确处理厌学心理，抑制冲动行为；

（5）把握升学选择的方向，培养职业规划意识，树立早期职业发展目标；

（6）逐步适应生活和社会的各种变化，着重培养应对失败和挫折的能力。

# 后　记

　　"少年强则国强！"积极心理学在教学中的运用，使青少年不仅能保持优异的学习成绩，而且生活更积极、更幸福、更健康、更道德。这正是响应国家提出推动"幸福中国"伟大工程的具体操作和实践。这套丛书理论和实践有机结合，向希望"培养幸福学生、成就幸福教师、建设幸福校园"的学校提供实用教学指导，科学、系统、创造性地结合中国传统文化理念，使老师更容易接受并运用于教学中，影响和教育自己的每一位学生，培养幸福的学生。

　　一个拥有幸福能力的老师，一个善于因材施教、善于用发现优势的眼光去看待学生的老师，将对培养学生的健全人格、促成学生的幸福人生起到至关重要的作用。而一个自小被培养成具有品格优势、善于调节身心、具有幸福能力的学生，将会以一种仁者的心态，与世界和解；以一种智者的眼光，去探索世界；以一种勇者的力量，去创造幸福的社会和幸福的未来！

　　最后，感谢佛山市禅城区怡东小学苏莹莹老师，佛山市禅城区实验高级中学吴建宏、刘洪孙老师为本书提供插图；感谢清华大学社会治理与发展研究院、武汉大学喻丰名家工作室对本套丛书做出的积极努力！

编委会<br>2021 年 12 月